JN223234

DX・SX・GXを実現する
攻めの
モダナイゼーション

富士通株式会社 編著

ダイヤモンド社

はじめに

　今や企業経営やビジネスに欠かすことができない情報システムを、真に役に立つ IT へと変貌させていく必要がある。1 年先すら見通すことができないほど経営環境が激しく変化したり、テクノロジーを武器に既存の業界秩序や伝統的ビジネスモデルを破壊する競合企業が次々に出現したりする中、企業はスピーディーに意思決定を行い、IT の力でビジネス変革に対応していくことが必要不可欠となっている。

　この「経営 × IT」を抜本的に強化していく取り組みこそが、攻めのモダナイゼーションである。20 年、30 年と長きにわたり企業のビジネスを支えてきたレガシーシステムは、すでにブラックボックス化されており、企業の DX（デジタルトランスフォーメーション）への足かせになっている。そこで、大切なアプリケーション資産やデータ資産を、企業の生命線とも言えるメインフレームや UNIX で稼働している基幹システムから、先端のクラウドシステムなどの DX 基盤技術へモダナイゼーション（近代化）を図ろう。レガシーなプラットフォームから脱却することで、事業継続性を確保しつつランニングコストを低減し、変化対応力があるシステムアーキテクチャーを手に入れるのである。

　本書では、攻めのモダナイゼーションに取り組み、成果を上げている先駆的な企業の事例について取り上げている。それぞれの事例におけるモダナイゼーションの目的や経営課題、テクノロジー活用の方針は千差万別であるものの、情報システムの刷新やデジタル化を検討している経営者、事業部長、IT 部門の方々には、様々なヒントや気付きが得られることと思われる。

　情報システムのモダナイゼーションの推進は非常に難しい領域であることから、一定のセオリーやプロセスに沿って進めていく必要がある。このプロセスには、①業務・資産可視化、②グランドデザイン、③情報システム全体のスリム化、④モダナイズ、の 4 つが有効であると考えており、活用しているメソトロジーやサービスについて紙面を割いて解説した。

攻めのモダナイゼーションで重要となる企業の未来戦略を検討するグランドデザインでは、現状の情報システムである AsIs からの延長線で考えるフォアキャストではなく、ありたい姿の ToBe からバックキャストを描き、ToBe に向かうための移行ロードマップを考えていきたい。もちろん、制約条件となる投資（費用）を考慮する必要があるし、モダナイゼーションとビジネス革新を同時に推進していくための自社の組織能力（ケイパビリティー）を段階的かつチャレンジングに向上させていくことも計画していきたい。

　レガシーシステムの代名詞であるメインフレームについても触れている。すでに富士通はメインフレームについて、2030 年に販売終了、2035 年に保守終了とすることを発表している。メインフレームで運用する情報システムは、独自技術を扱える技術者の不足、ブラックボックス化、ランニングコストの高騰などにより、サステナブルな事業継続やデータドリブン経営への足かせとなっている。

　また、ミッションクリティカルシステムとして細部までよく検討され作り込まれたメインフレームから、様々な技術要素の組み合わせを前提とするオープンシステムへの移行には留意すべき事項が数多くある。紙面の都合から一部ではあるが、非機能要件においてシステム移行の際に考慮しておく点やリスク対策すべき点を解説している。

　ビジネスの機能要件を実現する COBOL 言語で構築されたアプリケーション資産を、どのようなツールやサービスを活用して、どのような工程を踏んで品質を担保しながら移行していくか、脱メインフレームのモダナイズを実現するソリューションをいくつか紹介していく。昨今、急激な進化によりビジネスでの利用が始まっている生成 AI を、モダナイゼーションで活用していくための取り組みについても触れている。

　既存のアプリケーション資産を引き継ぐことなく、新たなシステムへと再構築に取り組む企業も一定数存在している。先に挙げた既存のアプリケーション資産を活かすモダナイズの手法に加えて、変化対応力の強化や、新たな事業領域への進出（ビジネスモデル構築）のためシステムを再構築する手法を用いたハイブリッドなモダナイゼーションも多くなると想定している。シ

ステム再構築においては、クラウドネイティブで分散疎結合なアーキテクチャーの採用を推奨している。どのようなテクノロジーや設計・開発メソトロジーを活用して取り組むべきかをシステムインテグレーションの側面から解説した。

全くの新規開発ではなく、実績あるオファリング（システム提案）としてのパッケージソリューション、先端のAI技術、ナレッジベースを最大限に活用し、データ利活用を推し進めて、DXのみならず、社会課題解決につなげるSX（サステナビリティートランスフォーメーション）やGX（グリーントランスフォーメーション）をスピーディーに実現していくことも有効な攻めのモダナイゼーションである。このオファリングによるソリューションとしてFujitsu Uvanceを紹介する。

これからの競争社会で持続可能な企業経営を続けていくためには、既存ビジネスモデルの深化と、新規ビジネスモデルの探索の、両利きの経営を追い求めることも必要だろう。既存ビジネスモデルでは、ビジネスプロセスやサプライチェーンのボトルネック改善とデータ利活用による高度な分析・対策、そして顧客接点の抜本的強化に取り組みたい。

新規ビジネスモデルでは、「ソフトウェアそのもの」が新しいビジネスを形成し、これを実現していく。データとAIのパワーをフルに活用して事業が生み出す付加価値を最大化し、革新的な顧客体験を提供し続けることが成功への鍵となる。そのためには、組織のイノベーションを創発させて、市場へのスピーディーな提供とフィードバックを得る仕組み化を図り、生産性向上と品質向上を同時に達成する必要がある。これを実現する有効な手法としてアジャイル開発が再注目されている。このアジリティーな活動を採用することで、従業員のエンゲージメントの向上にもつながり業績アップとの好循環を目指したい。

本書は、1章当たり20ページ前後の一気に読める文章量を心がけた。また各章には関連の深いトピックスとしてコラムを掲載させていただいた。第1章から第10章まで"攻めのモダナイゼーション"を推進していただくた

めの一連の考え方やトレンド・事例をベースに、実践のフィージビリティーを高めるための先端のテクノロジーやメソトロジー、そしてサービス提供事業者の製品・サービスについて紙面が許す限り数多く掲載させていただいた。

　忙しい経営者やビジネスパーソンが、必要と思われるどの章から読み始めても理解できるよう構成内容を心がけた。IT 用語については可能な限り本文中で平易な言葉で解説や補記を加えているが、技術解説書ではないことから概念と位置付け、活用するポイントや留意事項にとどまっている点について、ご了解いただきたい。特に気になるキーワードについては、Web サイトの検索エンジンや、ChatGPT、Copilot などの生成 AI を活用して、最新の情報を入手いただくことでより深い理解と多くの示唆が得られることを期待したい。

　本書の読者として想定しているペルソナは、次のとおりである。

- **モダナイゼーション事業への最終的な意思決定を行う経営者**
- **経営者を情報システムやデジタル化の観点で補佐する最高情報責任者**
- **ビジネス現業部門を遂行し、情報システムの利用者である LOB 部門**
- **情報システムのモダナイゼーションを遂行する情報システム部門**
- **モダナイゼーション実行に携わる IT 技術者やテクニカルコンサルタント**

　サステナブルでレジリエントな企業経営に向けて、攻めのモダナイゼーションの推進に携わる経営者、事業部長、情報システム部門、そして IT 技術者にとって、本書が羅針盤になれば幸いである。

　ビジネスと IT の両輪での変革に勇気をもって挑戦してほしい。

2024 年 10 月

富士通株式会社

はじめに ……… i

第 1 章

攻めのモダナイゼーションを通して経営×ITを抜本的に強化 1

1 「Change to Chance」── ITでピンチをチャンスに 2

1 企業に求められる予測困難な環境変化への対応 ……… 2
2 人や組織をつなぐ経営資源「情報」の重要性 ……… 3
3 5フォース×ITで立てるディスラプター対策 ……… 3
4 ITを駆使してイノベーションを創出し、ビジネスモデルを変革 ……… 4

2 攻めのモダナイゼーションは経営課題 6

1 経済産業省が提唱する「2025年の崖」とは? ……… 6
2 レガシーシステムから脱却すべき理由 ……… 7
3 データドリブン経営でDX、SXを実現する ……… 8
4 富士通が推進するモダナイゼーションは「Road to 3X」 ……… 10

3 マネジメント観点で押さえるモダナイゼーションの勘所 12

1 モダナイゼーションの主導権は経営にあり ……… 12
2 エンタープライズアーキテクチャーで業務・システムを俯瞰 ……… 13
3 モダナイゼーションの手法 ……… 15
4 パッケージ製品は原則そのまま利用 ……… 17
5 レガシーシステムの刷新における「7つの落とし穴」 ……… 18

4 確実にモダナイゼーションを進める実施ステップ 20

1 モダナイゼーションを着実に進める4つのステップ ……… 20
2 初めの方針策定が重要、検討はフロントローディングで ……… 20

【Column】レガシーシステムの代名詞、メインフレームとは ……… 22

第2章

モダナイゼーションに取り組む先駆的企業に学ぶ　23

1 脱レガシーシステムを成功させた企業事例　24

- **1** モダナイゼーションに取り組む企業の傾向 ……… 24
- **2** 段階的モダナイゼーションによる基幹業務の刷新 ……… 25
- **3** 過去のシステム移行による課題を払拭したリライト事例 ……… 27
- **4** メインフレームの安心安全をオープンシステムに踏襲 ……… 28

2 Fujitsu Uvanceによる先駆的DX事例　30

- **1** Consumer Experience ── 顧客体験価値の向上への取り組み ……… 30
- **2** Sustainable Manufacturing ── 脱炭素や規制下での持続的生産 ……… 31
- **3** Healthy Living ── 医療のデジタル化でウェルビーイングを実現 ……… 32
- **4** Trusted Society ── 豊かで持続可能なデジタル社会への発展 ……… 33

3 産業界のDXを進める経済産業省や関係機関の調査事例　35

- **1** 経営トップが自ら変革を主導して全社横断でDXに取り組む ……… 35
- **2** デジタルの力をトランスフォーメーションに活かす経営判断 ……… 36
- **3** ビジネスニーズへの対応で情報システムに求められる機能 ……… 38
- **4** 経営者が企業価値向上を目指すデジタルガバナンス・コード ……… 40

4 富士通が取り組むモダナイゼーションへの挑戦事例　42

- **1** DXに立ちはだかる4000を超える膨大な情報システム ……… 42
- **2** データドリブン経営を目指すOneFujitsuプログラム ……… 42
- **3** 経営が主体的に参画するDX体制 ……… 43
- **4** 社内DX活動となるFUJITRA ……… 44

【Column】経済産業省が推奨するデジタルガバナンス・コード ……… 45

第 **3** 章

業務・IT資産の現状分析がモダナイゼーションの一丁目一番地　47

1　業務・アプリケーション・データを可視化する重要性　48

1 業務・資産の可視化に最初に取り組むべき理由 ……48
2 レガシーシステムが肥大化・複雑化してきた背景 ……48
3 経営判断に可視化の結果をどう活用すべきか ……49
4 情報システムの3割程度はスリム化できる ……50

2　大切なアプリケーション資産の規模や複雑性を解明　52

1 アプリケーションの所在確認と移行対象量やヌケモレを確認 ……52
2 アプリケーションの構造や課題を明確にして再利用性を評価 ……53
3 アプリケーションのメインフレーム依存度から移行リスクを評価 ……54

3　自社ならではのビジネスプロセスを可視化して顧客価値を創出　56

1 ビジネスプロセスを可視化することの意義 ……56
2 プロセスマイニング技術によるオペレーションの可視化 ……57
3 ビジネスプロセスの可視化をモダナイゼーションに役立てる ……58

4　データ利活用に堪え得るデータ構造に向け課題を整理する　60

1 データの複雑化やサイロ化を解消することの重要性 ……60
2 データモデリングによりデータ構造や業務仕様を可視化 ……61
3 データプロファイリングによりデータ内容の汚れを可視化 ……62

【Column】MDM（Master Data Management） ……64

第 **4** 章

あるべき姿を目指しグランドデザインを描く　65

1　未来戦略を考え抜きバックキャストで思考する　66

1 現状システムからの積み上げ改善型モダナイズ計画 ……66

2 あるべき姿を描き逆算で考えるバックキャスト思考 ……… 67

3 重点的に検討しておくべき情報システムの将来像 ……… 68

4 モダナイゼーションの方針についてアウトラインを決めておく ……… 70

2 モダナイゼーションへの思いのベースを構築する　　73

1 達成すべきプリンシプルを定め迷ったら立ち戻る ……… 73

2 ステークホルダーの関心事や目的をビジョンで共感する ……… 75

3 ターゲットとするビジネスシナリオ、バリュー、KPIを定める ……… 75

4 グランドデザイン実現のためのケイパビリティー ……… 77

3 エンタープライズアーキテクチャーで全体最適を図る　　79

1 ビジネス構成要素を意識して価値を生み出す仕組みを考え抜く ……… 79

2 全社視点のハイレベルなデータの価値と運用方法を検討する ……… 80

3 アーキテクチャービジョンを実現するアプリケーションを定義 ……… 81

4 ビジネスを支えるために標準的で革新的なテクノロジーを採用 ……… 82

4 グランドデザインによるモダナイゼーション計画事例　　84

1 ビジネスを変えない前提でのエンタープライズアーキテクチャー ……… 84

2 トランジションアーキテクチャーで大革新へのリスクヘッジ ……… 84

【Column】TOGAFはエンタープライズアーキテクチャーの世界標準 ……… 86

第 **5** 章

メインフレームで稼働している情報システム移行の勘所　　89

1 メインフレームにおけるシステム開発の基本　　90

1 個別最適化が生じるメインフレームにおけるシステム開発 ……… 90

2 創意工夫による個別最適で実現してきたビジネス要件 ……… 92

3 データの正当性と完全性を保証するトランザクション処理 ……… 94

4 メインフレームで実現されてきた非機能要件を明らかにする ……… 96

2 メインフレームで実現できていた技術を置き換える発想　　99

1 オンライン機能はデータベース管理システムを中核に検討 ……… 99

2 オンライン機能に作り込まれた非機能要件の置き換えを検討 ……… 100

3 バッチ機能はJCLとユーティリティーの移行方針を検討 ……… 103

4 バッチ機能に作り込まれた非機能要件の置き換えを検討 ……… 104

3 メインフレームで実現されている動作要件を移行する 107

1 メインフレームの帳票出力運用をモダナイズ ……… 107

2 メインフレームのバックアップ運用をモダナイズ ……… 108

3 メインフレームの外部接続運用をモダナイズ ……… 109

4 メインフレーム固有のデータ表現をモダナイズ ……… 110

【Column】オープンシステムのレガシー化とは ……… 113

第 **6** 章

レガシーシステムの業務資産を活かすモダナイゼーションサービス 115

1 モダナイゼーションサービスを活用していく前提条件 116

1 サービス提供事業者が主体的に実施するモダナイゼーションサービス ……… 116

2 モダナイゼーションサービスの対象資産領域と成果物 ……… 118

3 モダナイゼーションサービス利用における留意点 ……… 119

4 モダナイゼーションサービスのスコープ範囲外を理解する ……… 120

2 COBOLを最大限に活かすリホストサービス事例 123

1 リホストサービスにおける考え方 ……… 123

2 業務資産をオープンシステムに適用させるリホストサービス ……… 124

3 メインフレーム機能をオープンシステムに再現するリホストサービス ……… 125

3 リライトにより新しい技術を取り込むサービス事例 127

1 リライトサービスにおける考え方 ……… 127

2 .NET(C#)移行が選択可能なリライトサービス ……… 129

3 AWSクラウドに最適化されたリライトサービス ……… 130

4 モダナイゼーションにおける生成AIの活用 134

1 急速に技術発展していく生成AI ……… 134

2 モダナイゼーションにおける生成AIの活用 ……… 135

【Column】先端AI技術を素早く試せるFujitsu Kozuchi ……… 137

第7章

変化に強い分散、疎結合型アーキテクチャーで全面刷新　137

1　情報システムの俊敏性と強靭性を強化するアプローチ　140

- **1** 密に結合したレガシーアプリケーション構造の課題 ……… 140
- **2** 目指すべきモダンなアプリケーション構造は分散疎結合型 ……… 141
- **3** 分散疎結合アーキテクチャーの代表は「マイクロサービス」 ……… 143
- **4** 次世代システム再構築に向けて目的を定めて取り組む ……… 145

2　レガシーシステムから新たなアーキテクチャーへの移行　146

- **1** ロールアウトモデルによる段階的なシステム機能整備 ……… 146
- **2** 次世代システムへアーキテクチャーを移行するシナリオ ……… 147
- **3** クラウドネイティブな技術特性をアーキテクチャーに活かす ……… 149
- **4** DevSecOpsにより継続的に攻めのモダナイゼーションを推進 ……… 151

3　ドメイン駆動設計で変化に強いサービスを検討する　153

- **1** ドメインを起点とした変化に強いサービス構造を考える ……… 153
- **2** アプリケーションをレイヤー分割してドメインの独立性を保つ ……… 155
- **3** ドメイン駆動設計によるサービスとアプリケーションの構造化 ……… 156
- **4** 次世代システム再構築での目的達成への対応方針と技術的施策 ……… 157

【Column】クラウドコンピューティングのサービスモデル ……… 160

第8章

アジャイル開発で変化への対応能力を上げる　161

1　ビジネスアジリティーを高めデジタル社会での競争力を確保　162

- **1** 新たなビジネスモデルを革新的なソフトウェアで実現 ……… 162
- **2** イノベーティブな取り組みは初めからすべてを予測できない ……… 163
- **3** アジャイル開発の本質をビジネスアジャイルに活かす ……… 166
- **4** ビジネスサイドの深い関与とチームとしての組織的学習 ……… 167

2 ビジネスアジャイルの実践方法 170

■1 スクラムの概要 ……… 170
■2 経験主義とリーン思考に基づくプロセス ……… 171
■3 チーム体制と価値基準 ……… 172
■4 スクラムでのプロダクト開発プロジェクトの進め方 ……… 173

3 伴走型BizDevOpsによるビジネスアジリティー支援事例 177

■1 DXエンゲージメントの考え方に基づいた伴走型支援 ……… 177
■2 ビジネスプランニングによる企画構想支援 ……… 178
■3 プロダクトプランニングによるUX/MVPの価値検証 ……… 179
■4 DXエンジニアリングによるアジャイル開発の実践 ……… 180
【Column】企業のアジリティー向上を推進させるSAFe ……… 182

第 **9** 章

SXで社会と企業の持続可能性を同時に追求していく 183

1 サステナビリティートランスフォーメーションによる変革 184

■1 デジタルを活用して持続可能な社会と企業を目指していく ……… 184
■2 データ利活用の高度化を図りSXを加速させる ……… 185
■3 AIを中心とする高度なテクノロジーにより再生型価値を創出 ……… 187
■4 Fit to Standard型のUvanceオファリングで早期実践 ……… 189

2 Planet「地球環境問題の解決」への取り組み 191

■1 人と自然が共存する豊かな未来を実現するSX ……… 191
■2 「地球環境問題の解決」へのアクションプラン ……… 193
■3 「地球環境問題の解決」を実践するオファリング事例 ……… 194

3 Prosperity「デジタル社会の発展」への取り組み 195

■1 人のためのデジタル社会を構築する ……… 195
■2 「デジタル社会の発展」へのアクションプラン ……… 197
■3 「デジタル社会の発展」を実践するオファリング事例 ……… 198

4　People「人々のウェルビーイングの向上」への取り組み　199

　　1 デジタルイノベーションで幸せな社会づくりに貢献する……199
　　2 「ウェルビーイングの向上」へのアクションプラン……201
　　3 「ウェルビーイングの向上」の代表的なUvanceオファリング……201
【Column】Fujitsu Uvanceの7つのKFA……203

第 10 章

原点に立ち返りパーパス・戦略・ビジネスモデルを思考　205

1　パーパスと戦略でトランスフォーメーションを推進　206

　　1 攻めのモダナイゼーションを推進するための必要条件……206
　　2 パーパスはトランスフォーメーションの推進エンジン……208
　　3 経営戦略でトランスフォーメーションを具現化する……209
　　4 サステナビリティーの時代に重要性を増す情報戦略……211

2　戦略をより具体的で実践的な行動計画に展開する　213

　　1 バランススコアカードによる戦略行動への落とし込み……213
　　2 管理指標化による戦略行動のトラッキング……214
　　3 4つの視点による戦略行動の策定指針……214
　　4 戦略行動の進捗と達成状況をトラッキングする方法……219

3　ビジネスモデルの観点からイノベーションを創出する　220

　　1 ビジネスモデルキャンバスでもうける仕組みを可視化……220
　　2 ビジネスモデル変革は顧客起点で思考する……222
　　3 UX/UIで顧客体験を向上させる……224
【Column】羅針盤となるUvance Wayfindersによるコンサルティング……226

おわりに……227
参考文献一覧……230

第 1 章

攻めのモダナイゼーションを通して経営×ITを抜本的に強化

今や情報システムは、企業経営に欠かすことのできないものとなった。本章では、マネジメントの観点から、情報システムを真に役立つIT（情報技術）やその先のDX（デジタルトランスフォーメーション＝デジタルによる変革）に変貌させることの必要性について考えていきたい。単に老朽化した情報システムを置き換えるだけではない。「Change to Chance」——ピンチをチャンスに変える——。激しい環境変化や、既存のビジネスモデルを破壊するディスラプターにスピーディーな対応をすべく、情報システムをフルに活用し、自社のビジネスプロセスを柔軟に進化させる"攻めのモダナイゼーション（IT資産の刷新）"を実践するためのポイントを解説する。

1 「Change to Chance」
—— ITでピンチをチャンスに

1 企業に求められる予測困難な環境変化への対応

やや手垢の付いた言い回しとなったが、「VUCA」という言葉がある。Volatility（変動性）・Uncertainty（不確実性）・Complexity（複雑性）・Ambiguity（曖昧性）の4つの頭文字を取った造語であり、社会やビジネスにとって先々の予測が困難な現代の特性を表している。

例えば、2019年から始まった新型コロナウイルス感染症（COVID-19）の全世界規模での蔓延と厳しい行動制限。医療体制が整った現代において、こうした事態を予測できただろうか？　飲食を中心とするサービス業が低迷し、サプライチェーンが滞ることで、製品や部材の供給遅延が生じた。一方で、ビジネスにおける大きなインパクトもあった。黎明期にあったテレワークが一気に普及したのである。

経済のグローバル化による影響は以前にも増して大きくなった。国をまたぐ取引では、国内とは異なる商慣行・法律に対応せざるを得ない。想定を超えて乱高下する為替レートに収益が左右される。

世界各地においては絶えず紛争が発生している。その結果、近年ではエネルギーの供給不足や急激な物価高騰が発生し、国際経済の混乱は企業活動や消費者行動に影響を及ぼした。

技術革新のスピードは増す一方だ。またたく間に身近になった生成AIにより、従来では想像のできなかった新しいビジネスが続々と誕生している。また地震や異常気象がもたらす火災・水害など、予期せぬ大規模な自然災害で、社会や経済環境が一変する事態も頻発している。

大きな環境変化が毎年のように発生する時代に、先を予測することはもはや困難である。企業は変化に素早く対応し、ダメージを受けた場合には速やかに回復することが求められている。

2 人や組織をつなぐ経営資源「情報」の重要性

　大きな環境変化の中で、企業はビジネス活動を営む。経営学者のピーター・ドラッカーは、企業にとっての最大の目的とは「顧客の創造」であると説いている。顧客を創造することは、すなわち「売上を上げる」ことである。そのためには、顧客が誰かを特定し、顧客が欲しいものを知り、顧客が支払う価格を知る。あわせて、顧客が買いたい方法を知り、購入する環境を整える。これこそが企業活動、すなわち「経営」である。

　経営をより具体的に見ていこう。企業はヒト・モノ・カネ・情報といった経営資源を確保し、経営資源を使って製品・サービスという、独自の付加価値を生み出す。そして、市場で顧客を見つけ、販売し、代金を回収する。得られた技術・市場（顧客）・ノウハウは、企業の営業秘密情報として蓄積され、新たな経営資源となる。こうした経営資源の積み重ねが、競争力の源泉となるのである。

　以上の経営のメカニズムはどの企業にも当てはまるものの、個々の企業独自の創意工夫や積み上げてきた経験により、組織能力や競争力に違いが生じる。顧客からの絶大な支持を得ることが、市場での圧倒的なシェアと好業績につながる。

　経営のメカニズムを柔軟かつ強く動かすのは人だが、「情報」は企業経営を下支えし、人や組織をつなぐ血液である。

3 5フォース×ITで立てるディスラプター対策

　企業活動にとって経営資源に位置付けられる「情報」だが、近年、この情報をやり取りするIT技術を駆使することで、商慣行や業界秩序など、従来のビジネス常識を打ち破り、伝統的なビジネスモデルを破壊する新たなリーダー企業が台頭してきている。

　市場に新規参入し、巨大な収益を短期間で稼ぎ出すこのような企業は、ディスラプターとも呼ばれる。彼らは従前のビジネスモデルにこだわることはない。クラウドやビッグデータ、IoT（モノのインターネット）、AIなどのIT

技術を駆使して、顧客のニーズにきめ細やかに対応することで、顧客価値の最大化に努め、ビジネスモデルを変革し続ける。

例えば、タクシーのライドシェアを行う企業。日本でも規制緩和の議論がなされ限定解禁が始まったが、米国をはじめとする各国では、すでにライドシェアサービスは一般化している。利用者には、スマートフォンのアプリから配車依頼、行き先指定、所要時間や料金の事前提示、そして決済までワンストップサービスとしての利便性と、車両を提供する。一方で、必ずしもタクシー事業者ではないドライバーにはマッチング機能を提供する。

ライドシェアを運営する企業は、タクシー業界の企業ではない。情報技術を駆使して、タクシー利用者とドライバーを最適・安全・便利にマッチングして仲介手数料を得る、Win-Win のビジネスモデルである。

こうした従来の業界・市場・規制における概念では考えも付かなかったサービスが、誰でも・いつでも・どこでもつながるネット社会、老若男女が通信機器を保有するスマホ社会、そして現金を使わず決済可能なキャッシュレス社会、といった高度な IT 基盤をベースに生まれている。

もっとも、恐れることはない。たとえ破壊的な製品やサービスであっても、ディスラプターに対してどんなアクションが必要かを考えることができる。

アクションを考える際には、経営学者のマイケル・ポーターが提唱した「5（ファイブ）フォース」と呼ばれるフレームワークが有用である。5 フォースでは、業界内の競争関係（競合）、新規参入者の脅威、売り手（仕入先）の交渉力、買い手（顧客）の交渉力、代替品の脅威といった自社を取り巻く5つの競争要因を勘案して、業界における新たなニーズや課題を特定し、戦略を立てる。そして、手段として IT 技術のパワーを最大限に発揮させればいい。

❹ ITを駆使してイノベーションを創出し、ビジネスモデルを変革

ディスラプターに対応する、または自らが市場に打って出ていくためには、イノベーションの創出が必須となる。イノベーションという言葉は、ラテン語のインノバーレ（何かを新しくする）に由来している。起業家精神を説いた経済学者のヨーゼフ・シュンペーターは次の5つのイノベーションを

提言している。起業家でなくとも、経営の新たな取り組みの切り口として有効だ。

① 新しい（あるいは新しい品質の）製品・サービスの生産

② 新しい生産方法の導入

③ 新しい販路の開拓

④ 原料あるいは半製品の新しい供給源の獲得

⑤ 新しい組織の実現

①は、プロダクトイノベーションと呼ばれ、製品やサービスにITの要素を取り込むことで変革できる。例えば、自動車は工業製品であるが、自動安全運転の制御機構やエンターテインメント性のあるナビゲーション機構などは、組み込み系のAIソフトウェアやネットワーク接続など、ITが駆使されて商品力が強化されている。

②から⑤までは、それぞれプロセスイノベーション、マーケットイノベーション、サプライチェーンイノベーション、オーガニゼーションイノベーションと呼ばれる。経営活動で蓄積されたファクトデータを利活用し、効率化、スピードの向上、再現性を確保することなどに取り組んでいるイノベーションの事例がある。

これらのイノベーティブな要素を、ITを駆使して組み合わせることで、ビジネスモデルを変革する。現状のビジネスモデルを可視化して、情報を活用できるイノベーションのシーンを考え続ける。もはや、企業経営とITは切っても切れない存在なのである。

好業績が続いている企業は、余力があるうちに未来戦略を考えておく必要がある。両利きの経営として、既存ビジネスモデルの深化と新規ビジネスモデルの探求、この両輪でITをフルに活用し、最適なバランスで事業ポートフォリオを再構築すべきである。

2 攻めのモダナイゼーションは経営課題

■1 経済産業省が提唱する「2025年の崖」とは?

　2018年に経済産業省は「DXレポート　〜ITシステム『2025年の崖』の克服とDXの本格的な展開〜」を発表した。既存システムを現状のブラックボックスのまま放置するとDXが実現できないだけでなく、2025年以降の日本の経済損失は最大で年間12兆円に及ぶとの警鐘を鳴らしている。情報システムのブラックボックス状態が解消できず、データ活用ができない場合、次の3つの状態に陥ると懸念している。

① 爆発的に増加するデータを活用しきれない
　　市場の変化を捉えることができず、ビジネスモデルを柔軟・迅速に変更することが困難となり、デジタル競争の敗者になる。

② システムの維持管理費が高額化
　　多くの技術的負債を抱えるシステムの維持保守だけで自社のIT予算の9割以上を占めることとなり、革新的なシステム開発に取り組むことができないばかりか、業務基盤の維持・継承すら困難となる。

③ システムの運用保守の担い手が不在
　　突発的に発生するサイバーセキュリティーの不具合や事故・災害による、システムトラブルやデータ消滅・流出などにおいて、迅速に対応できず事業継続リスクが高まる。

　このようにDXの推進においては、過去の技術や古い仕組みで作られ"レガシーシステム"と化した既存の情報システムが足かせとなる。経済産業省では、DXを本格的に展開するためにDXの基盤となる変化に追随でき、かつ、データ利活用が容易な情報システムへの転換を強く提唱している。あわせて、既存のレガシーシステムからの刷新を、情報システム部門任せにせず、経営者自らが経営課題の中核に捉えるように促している。

　情報システムの最新化はビジネスプロセスの改定やシステム操作性の変更

を伴うため、ビジネスプロセスを遂行する現場サイドからの変革への抵抗が大きくなり、一筋縄では進められない実情もある。企業の情報システムとビジネスを一体的に変革していくためには、トップである経営者の強力なリーダーシップが必要不可欠なのである。

2 レガシーシステムから脱却すべき理由

レガシーシステムは、これまで企業のビジネスプロセスを情報管理の面で下支えしてきた。しかし、初期のアプリケーション開発から20年以上が経過し、どのような仕様や理論でアプリケーションが構築されてきたか、基本的な設計思想がわかる人材が少なくなった。詳細を明記したはずの設計ドキュメントも実態と一致しているか怪しいケースも散見される。

加えて、度重なる税制改正や、新たな製品・サービスの提供などへの対応を行うため、長年にわたってアプリケーションの改修が繰り返された。アプリケーションの設計情報であるソースコードが複雑に入り組んだ、いわゆる"スパゲティー状態"に陥り、ブラックボックス化しているケースは少なくない。新たな改修を行うにも、多大なコストと期間を要し、改修で不具合を埋め込んでしまうおそれもある。

図表1-1 レガシーシステムにおける階層別ボトルネック

階層	代表的なボトルネック要因
アプリケーション	古いプログラム言語、肥大化・複雑化
データ	データ不整合、重複、抜け漏れ
プラットフォーム	特定ベンダー製品、従事者、保守期間終了

ITの世界は、ベンダー独自のメインフレーム（大型汎用機）から始まり、WindowsやUNIXなどのオープンシステムへの移行を経て、現在主流となったOSS（オープンソースソフトウェア）をベースとしたクラウドコンピューティングへとプラットフォーム技術が変遷している。

クラウドコンピューティングでは、早期にアプリケーションを稼働させる

ことができるが、新たなプラットフォームへの引っ越しとなると、既存のアプリケーションやデータに大きな影響があるため、対応コストや品質保証の観点から容易ではない。

レガシーシステムとは、一般的にベンダー独自のメインフレームやUNIX、一世を風靡したオフィスコンピューターなどの旧式のプラットフォームで稼働中のシステムを指している。このようなシステムはアプリケーションもアセンブラやCOBOL、PL/I、JCLなどの旧式のプログラム言語で実装されているが、これらのプログラム言語を読み書きできるエンジニアは高齢化し、人材確保しづらくなっている。

特に、システム開発が1985年以前のメインフレームシステムには、複雑な制御機構を実現したり、処理性能を確保するために、アセンブラ言語でプログラミングされている箇所がある。現代ではアセンブラ技術者が希少であるため、何が行われているのかがわからず、移行先の言語選定や移植作業などに難航し、オープンシステムへの移行のハードルを上げている。

レガシーシステムの業務データはシステム上、旧式のコード体系で表現されている。データベースには、階層型、ネットワーク型など、最先端のオープンシステム技術ではサポートされていない蓄積方法が用いられている。こうした点が、レガシーシステムからの移行のボトルネックとなっている。

技術的なキーワードが並んでいるが、経営の中枢を担う情報システムの問題点であり、レガシーシステムからの脱却を経営課題として捉えていくためにも、経営者として最低限押さえておきたい事項である。

❸ データドリブン経営でDX、SXを実現する

モダナイゼーションに取り組むに当たっては、単にレガシーシステムからの脱却を目指すだけではなく、その先にある"攻めのモダナイゼーション"を指向しておきたい。

攻めのモダナイゼーションとは、世の中の急速な変化に俊敏性（アジリティー）を持って対応し、経営リスクが顕在化したときは回復性（レジリエンシー）を発揮できるよう、企業活動でファクト情報として蓄積されたデータ

をフルに活用するデータドリブンな経営を目指すことである。

データの推移を見たり、データの意味付け分析を行い、企業のマネジメントや製品開発、マーケティング、リスクマネジメントにつなげていく。

企業における意思決定の3大区分として、経営層が下す「経営的意思決定」、中間管理職が下す「管理的意思決定」、現場従業員が下す「業務的意思決定」がある。

各局面においてスピーディーかつ適切な意思決定を行うには、データドリブン経営を持続的に進化させていくことが求められる。

具体的には、

- 見通しがはっきりしない将来の予測
- 経営判断を行う際の仮説検証
- マネジメントにおける PDCA サイクルの実施
- 顧客志向の把握
- 日々変化する製品・サービスの需給調整（生産量や在庫量の最適化）
- 店舗特性に応じた製品流通

などの例が挙げられる。

データの利活用には、良質なデータが欠かせない。良質なデータをタイムリーに入手するためには、情報システムは時勢に応じて進化・発展させていく。融通のきかないレガシーシステムからのモダナイゼーションが必須条件なのである。

図表1-2 データを利活用した意思決定のプロセス

1	意思決定が必要な対象（解決したい課題、答えが欲しい問い）を明確にする
2	必要な情報を収集する
3	その課題に対して必要な解（いくつかの案）を特定する
4	解とエビデンスを照らし合わせて吟味する（有効性、リスク排除）
5	最も適切だと思える選択肢を選ぶ
6	実施の行動に移す（タスクを決めて、進捗管理、課題管理を行う）
7	意思決定を見直す（自ら考え、行動し、経験して成長につなげる）

データを利活用した意思決定のプロセスは7つの段階を経て進められる（図表1-2参照）。この意思決定の質を高めるためには、インプットとなる情報（＝データ）の真正性や分析のしやすさを確保しておくことが重要になる。データドリブン経営は経営者だけのものではない。組織全体の意識を変革し、ビジネスプロセスやビジネスモデルの最適化を図る必要がある。つまり、DXの実現である。

企業はこれまで未来にわたって企業を存続させること、すなわち自社のサステナビリティー（持続可能性）を目指してきたが、昨今は社会や環境のサステナビリティーも重視した経営が求められるようになった。

環境に配慮する、コンプライアンスを順守する、従業員の働きやすさやウェルビーイング（心身が健康で社会的、経済的に良好な状態）を確保する、サプライチェーンの取引企業ともWin-Winの関係を築くといったことと並行しながらの経営である。

環境や社会のサステナビリティーも重視する企業への変革を行うことを、サステナビリティートランスフォーメーション（SX）と称する。富士通がまとめた「SX調査レポート2024」によれば、多くの企業はSXの重要性を認識してはいるものの進捗は遅れ気味だ。

一方で、サステナビリティー戦略を立て、成果を上げている企業もある。これらの企業で見られたのが、データの利活用に関しての高い成熟度だ。SXを実現するには、意思決定の質を高めるために、将来シナリオの予測やシミュレーションを行うが、先進的な技術と異なるプラットフォームを持つ関係者を相互接続してデータを利活用することが不可欠である。つまり、SXとモダナイゼーションも不可分の関係にある。

❹ 富士通が推進するモダナイゼーションは「Road to 3X」

富士通では、攻めのモダナイゼーションへの道のりを示すため、「Road to 3X」というコンセプトを提唱している。モダナイゼーションの課題を解決すると同時に、データドリブン経営を実現し、DXやSX、さらには化石燃料をクリーンエネルギーに転換し、脱炭素化社会を構築する取り組みとな

る GX（グリーントランスフォーメーション）まで、お客様の事業を将来にわたって拡大していくために伴走し続ける取り組みだ。

図表1-3 富士通のモダナイゼーションのキービジュアルデザイン

このキービジュアルは「様々なデータを、目的を持って1つのデータに束ねることで新しい価値を生み出す道を示す」というRoad to 3Xの基本的な考え方を、虹色のストリーム調で表現している。

Road to 3Xでは、富士通の創業89年に及ぶテクノロジーや、様々な業種・業態の情報システム構築で培った豊富な経験と実績を、モダナイゼーションナレッジセンターがCoE（センター・オブ・エクセレンス＝中核的研究拠点）として集約し、顧客に提供する。

ここで、お客様のビジネス成長と社会課題の解決に挑むソリューション「Fujitsu Uvance」を紹介したい。Fujitsu Uvanceでは、テクノロジーと様々な業種の知見を融合させ、業種間で分断されたプロセスやデータをつないでいく。最先端のグローバルスタンダードなテクノロジーソリューションを兼ね備えており、企業や組織の協力を活性化させて、これまでにない解決策やインサイトを導き出す。Road to 3Xが導く3X（DX・SX・GX）を実現する。

富士通のパーパスは「イノベーションによって社会に信頼をもたらし、世界をより持続可能にしていくこと」。世界中の企業に攻めのモダナイゼーションを実現していただくことで、これを体現していく。

3 マネジメント観点で押さえる モダナイゼーションの勘所

■ モダナイゼーションの主導権は経営にあり

従来、企業の情報システム構築では、富士通のようなシステム開発を生業とするベンダー企業に、システムに必要な機能や要望をまとめる要件定義から、システム開発、システムの移行まで、一括して委託するケースが一般的であった。企業サイドの情報システム部門が現場の業務部門と連携して、ビジネスの効率化や、実現したい IT の像を、しっかりとベンダーに伝える。これを受けたベンダー側が、IT のプロフェッショナルとして仕様を提案し、企業との調整・合意を経て、システムに実装していく。

企業の経営者は役員である CIO（最高情報責任者）や情報システム部門からの進捗報告などを受け、重要な企業の基幹システムが整備されるようマネジメントを行ってきた。

もちろんこの方法でも企業は既存のビジネスプロセスを効率化し、業務をスピードアップすることができた。しかし前述のとおり変化の激しい時代においては、業界の秩序や常識を打ち破るディスラプターの市場参入や、想定以上に早い自社の製品・サービスの陳腐化が起こり得る。自社を取り巻くマクロ、ミクロの環境変化に、経営としてより早く対応していく必要がある。

今や経営と情報システムは切っても切れない関係性にある。自社の経営ビジョンや経営戦略の再構築、イノベーションを起点とした顧客価値を向上させるビジネスモデルの変革、そして、これらを支える企業内のビジネスプロセスのリエンジニアリング……。経営と情報システムは、同時かつ抜本的にモデルチェンジする経営課題である。

モダナイゼーションを行う際には、経営が主導権を持ってマネジメントしていく。モダナイゼーションに成功している企業の多くは、経営として意思決定するところとベンダーの力を借りるところを切り分けて、システム開発や DX に取り組んでいる。

　ここで情報システムを刷新する際に、ベンダーにすべてを託すことを見直した企業のケースを紹介する。従来、この企業ではベンダーとのシステム開発の契約を請負契約で行ってきたが、委任契約に変更した。請負契約を委任契約にすることで何が変わるのか？

　企業の経営層や従業員が情報システムをどのように経営に役立てビジネスを変革させられるかを真剣に考え抜き、その考え抜いた結果に責任をもってシステム開発のプロフェッショナルであるベンダーに開発を委託することでモダナイゼーションに成功した。

　また別のケースでは、情報システムを刷新する過程で、製品・サービスの品ぞろえをシンプルな製品・サービス体系に見直し（経営の意思決定）、発注画面のデザインも簡素化した（ベンダーの知見）。これによりお客様が自社の商品を選択しやすくすることに成功している。

2 エンタープライズアーキテクチャーで業務・システムを俯瞰

　情報システムは、Windows やクラウドなど身近な IT 技術が中心になり、技術情報の入手も容易となった。もっとも、多忙な経営者は細かい技術を理解する必要はない。経営者が注力すべきは、いかにして経営と情報システムをシンクロナイズさせて顧客提供価値を向上させるかを考え、企業のサステナビリティーを実現することである。

　ここからは、マネジメント観点から情報システムを俯瞰する技法について述べていきたい。

　代表的な技法は、エンタープライズアーキテクチャー（EA）と呼ばれるフレームワークである。組織全体の業務とシステムをシンプルな表記方法を用いてモデル化し、このモデルから全体の最適化を進めていく。エンタープライズアーキテクチャーの代表格は、The Open Group Architecture Framework（TOGAF）と呼ばれるフレームワークである。国際標準化団体「The Open Group」が開発したものだ。

　エンタープライズアーキテクチャーでは4層のアーキテクチャー領域で、組織全体の業務とシステムを体系的に表現する。ビジネスアーキテクチャー

（BA）、データアーキテクチャー（DA）、アプリケーションアーキテクチャー（AA）、テクノロジーアーキテクチャー（TA）の4層で、ピラミッド状の形態で表現される（図表1-4、図表1-5参照）。

図表1-4 エンタープライズアーキテクチャーの4層フレームワーク

アーキテクチャー領域	説明
ビジネス アーキテクチャー（BA）	ビジネス戦略、ガバナンス、組織、主要なビジネスモデルを定義
データ アーキテクチャー（DA）	組織の論理的データ資産、物理的なデータ資産の構造とデータ管理リソースの構造を記述
アプリケーション アーキテクチャー（AA）	開発される個々のアプリケーションシステムのためのブループリント、それらの相互作用、組織の中核的なビジネスプロセスとの関係を提供
テクノロジー アーキテクチャー（TA）	BA、DA、AAを支えるIT基盤の設計思想、基本構造、および採用する技術標準

出所:The Open Group「The TOGAF Standard version 9.2」

　エンタープライズアーキテクチャーはTOGAFによる表記方法としてピラミッド形状の三角形を用いることがある。これは、最上位の頂点からはビジネス視点による重要なアーキテクチャーから順に、底辺は情報システム視点へ、上位を下支えするアーキテクチャー領域の順にBA、DA、AA、TAと配置する。

　エンタープライズアーキテクチャーでは、この4層のアーキテクチャー領域について、「現状」を表すAsIsと「将来のあるべき姿」を表すToBeを考える。現状から将来のあるべき姿に至るまでのタイムラインとギャップを明らかにして、優先度を決め、段階的・建設的・現実的な移行計画となるグランドデザイン（全体構想）を策定していく。

　ビジネスと情報システムを両輪で変革していく手段として「どこから手をつけるべきか」の道しるべとなる。

図表1-5 EAによるAsIsからToBeへのグランドデザイン策定

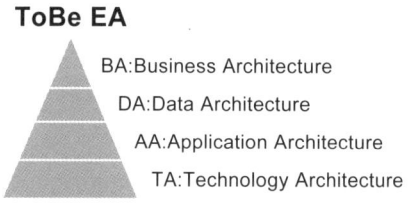

出所:The Open Group「The TOGAF Standard version 9.2」

　西暦2000年代に入り、エンタープライズアーキテクチャーは日本で注目を浴びたが、モダナイゼーションを通じてDXを実現するステップを、経営の観点で俯瞰したうえで、自社の持つケイパビリティー（企業組織の強み）や投資能力を見極めながら進めていく手法として再注目されている。エンタープライズアーキテクチャーの進め方は、後述するグランドデザインの章で事例を交えながら深掘りしていきたい。

3 モダナイゼーションの手法

　レガシーシステムからモダナイゼーションを行うときの、システムの再構築手法を押さえておきたい。日本国内では独立行政法人情報処理推進機構（IPA）が2018年に発行した「システム再構築を成功に導くユーザガイド第2版」で紹介されている分類が一般に知られている。

　システムを再構築する際には、全面的に作り変える「全面刷新」と、現行システムを全部または大部分で受け継ぐ「現行踏襲」がある。現行踏襲は「パッケージ製品の利用」と「ハードウェア更改・リホスト（既存システム資産の大幅な変更をせずに、新しい環境に移行する）・リライト（既存システムのコードを新しい言語に書き換えて移行する）・リビルド（現行の要件定義を基に、全面的に見直し、再構築する）」に大別されている。

　特にレガシーシステムからのモダナイゼーションでは、従来のコア業務のビジネスプロセスやデータを安全・確実に引き継いだうえで、新たなビジネス上の変革を取り込むケースが大多数であることから"現行システムを（全

部または大部分を）踏襲する場合 " を、本書におけるモダナイゼーションと
位置付ける。

図表1-6 IPAが提唱するシステム再構築とモダナイゼーションの関係

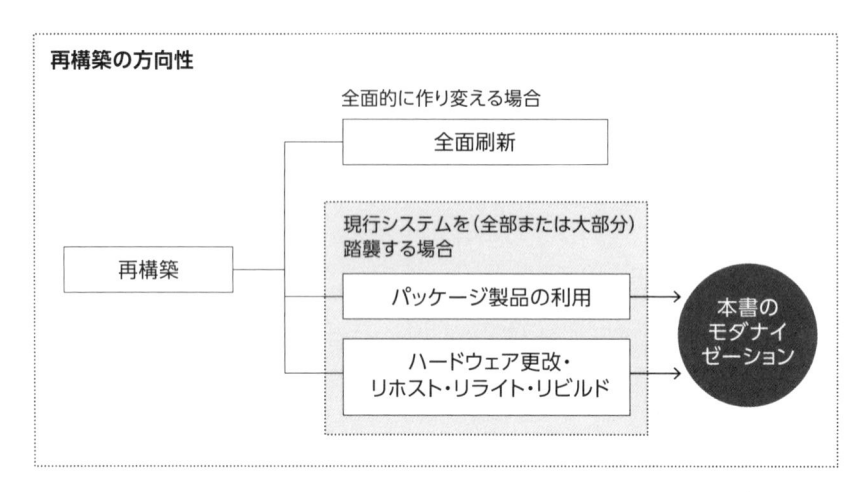

出所:IPA「システム再構築を成功に導くユーザガイド　第2版」

　話をあまり複雑にしてはいけないが、既存の情報システムのアプリケーシ
ョンのみを変更するケースは、モダナイゼーションの対象外としている。シ
ステムが稼働しているプラットフォームを含む基盤を同時に刷新するケース
を、本書におけるモダナイゼーションの対象とする。

　モダナイゼーション手法を検討する際には「パッケージ製品の利用」と「ハ
ードウェア更新・リホスト・リライト・リビルド」から選択する。

　なおハードウェアのみを更新する場合、プラットフォームを含む既存シス
テムの基盤は変更しない。先に述べた「単なる IT 更新」に該当する現状維
持の対策であるため、「攻めのモダナイゼーション」からは除外する。言い
換えるならば、モダナイゼーションでは、最低でもメインフレームやオフィ
スコンピューター、UNIX などレガシーシステムからの脱却を目指して、リ
ホスト・リライト・リビルドの再構築手法を採用するということである。

図表1-7 攻めのモダナイゼーションとして選択すべき再構築手法

再構築手法	リホスト	リライト	リビルド
概要	プログラムは現行と同一の言語で、原則そのまま新規プラットフォームへ移行する	現行のプログラム設計書を基に、異なる言語で新たなプログラムを実装する	現行の要件定義書を基に新規システム構築、業務要件は変えずに、アプリケーションを事実上作り変える
要件定義書	現行流用	現行流用	現行流用
基本設計書/詳細設計書	現行流用/プラットフォーム変更に伴う修正あり	現行流用/プラットフォーム変更に伴う修正あり	再設計
プログラム設計書	現行流用/プラットフォーム変更に伴う修正あり	現行流用/プラットフォーム変更に伴う修正および言語依存、新機能分再設計要	再設計
プログラムソース	現行流用/プラットフォーム変更に伴う修正あり	現行流用/現行稼働しているプログラムを活かし、異なる言語にツールなどで変換する	再生成
補足	「現行と同一の言語」については例えばメインフレームCOBOLからオープンCOBOLに変わるケースはこちらに含む	―	―

4 パッケージ製品は原則そのまま利用

再構築手法としての「パッケージ製品の利用」とは、世界的に著名なSAPや会計パッケージ製品（SaaSサービスを含む）などを情報システムに適用することである。自社独自のアプリケーション資産を削減し、業界標準またはベストプラクティスのビジネスプロセスを適用して、最終的にはシステム開発や維持・保守に要するコストダウンを図ることを目指す。

パッケージ製品を利用する際に最優先事項としたいのは、パッケージ製品が標準で提供する機能を、できる限りそのまま利用することである。これにより、パッケージ製品のメリットである高品質・短期導入・コスト低減が実現できる。

現場のビジネス部門からは、慣れ親しんだ既存の情報システムの操作性や

出力帳票の同一性を実現するような要望が上がってきがちだが、パッケージ製品にカスタマイズを行うことは品質の低下を招いたり、導入期間の長期化やコストの増大につながりかねない。

こうした事態を回避するためには、グランドデザイン策定や企画段階など早期のタイミングで、既存の業務にパッケージ製品が適合できるのか、Fit & Gap 分析により、十分に吟味することが重要となる。また、ビジネスプロセスをグローバルスタンダードに合わせたり、ベストプラクティスを取り込む意味で、パッケージ製品に業務の方法を合わせていく Fit to Standard を行うか、方針を決める必要がある。

5 レガシーシステムの刷新における「7つの落とし穴」

モダナイゼーションにおいて、特に現行の情報システムをベースとしたリホスト、リライト、リビルドについて、企業側は誤解している部分がある。「全面刷新やリビルドよりもリホストやリライトは、早く・安く・簡単にできるはず」「既存で動いているシステムが手本になるから、これまで同様に品質は維持されるはず」という、希望的な憶測である。

しかしレガシーシステムは、長年にわたって積み上げられたものである。度重なるアプリケーションやデータベースの改修により、システムが肥大化・複雑化している。また、人材面でも業務やシステムのノウハウを持っている人が、定年や退職などで社内に皆無といった状況にある。

企業の業務を支える情報システムは当たり前に稼働するという前提になっているが、モダナイゼーションを通じて安定稼働が損なわれる、あるいはシステム停止がビジネスプロセスの停止に直結するという感覚が企業側では希薄になっていないだろうか。

そこで、IPA ではシステム再構築に関して次の①〜⑦の「7つの落とし穴」を指摘している。これら7つの落とし穴への備えをモダナイゼーションにおける経営のリスクマネジメントと位置付けたい。

①「再構築だから」と企画・要件定義フェーズを軽視していないか

②「今と同じ」という要件定義になっていないか

③ 現行システムの調査が「表面的」になっていないか

④ 業務部門はメンバーの一員として上流工程から参加しているか

⑤ 現行システムが動いているから、品質保証を簡単に考えていないか

⑥ 担保すべき「業務継続性」は明確になっているか

⑦ モダナイゼーションのリスクを甘く見ていないか

4 確実にモダナイゼーションを 進める実施ステップ

◼1 モダナイゼーションを着実に進める4つのステップ

テクノロジーの観点からモダナイゼーションを表現すると、「企業経営を支える情報システムのアプリケーションやデータを最大限に活かし、稼働するプラットフォームやアプリケーションを刷新して、クラウドをはじめとする最適な IT 基盤へトランスフォームさせること」と言える。

このモダナイゼーションを推進する 4 つのステップとして、「①業務・資産可視化」「②グランドデザイン」「③情報システム全体のスリム化」「④モダナイズ」の順に実行する。

図表1-8 モダナイゼーションを進める4つのステップ

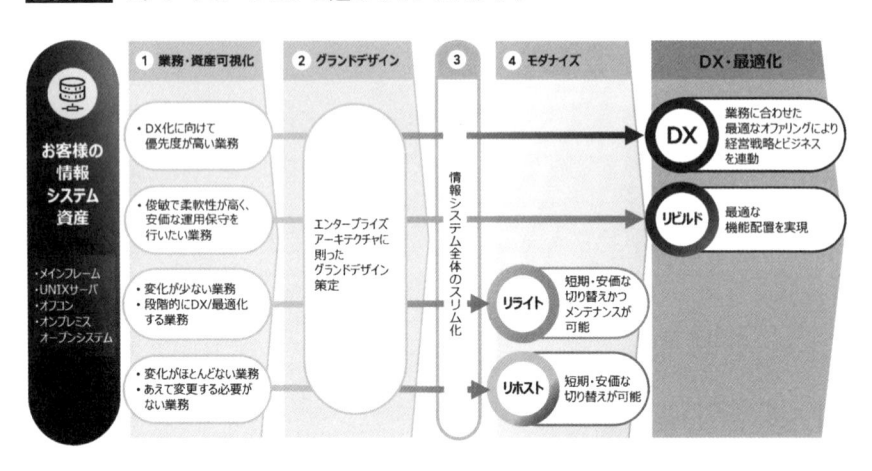

◼2 初めの方針策定が重要、検討はフロントローディングで

モダナイゼーション推進の各ステップで行うことを図表 1-9 に整理する。実施内容の詳細については、業務・資産可視化を第 3 章で、グランドデザインを第 4 章で、モダナイズを第 5 章〜第 8 章で紹介していく。

　実行フェーズとなる4つ目のステップ「④モダナイズ」の技術的な課題解決にどうしても目が行きがちであるが、その前のフェーズである①〜③をきっちりと行うことが重要である。

　①業務・資産可視化では、業務の現状がどうなっているか、AsIsを調査・分析する。②グランドデザインでは、全体最適の視点で業務・システムを俯瞰し、あるべき姿のToBeに向けて、どのように移行していくかの青写真を考え抜く。③情報システム全体のスリム化では、将来のDXに足かせとなり得る情報システム資産をスリム化する。

　つまり、初めの方針策定が重要であり、フロントローディング（前倒し）で十分な検討を行う必要がある。

図表1-9 モダナイゼーションの4ステップの実施内容

モダナイゼーションの 4ステップ	実施内容
①業務・資産可視化	● モダナイゼーションの準備として、現行のお客様の情報システム資産を詳細に調査・分析する ● 業務プロセスのボトルネック、データ構造・アプリケーション構造や相互依存度を徹底的に可視化し、現行システムの全体像を正確に捉えることにより、最適な移行方式、モダナイゼーション手法の検討につなげる
②グランドデザイン	● 全体最適化を目的に、ビジネス戦略とIT戦略の整合性のある、あるべき姿を策定する ● 反復的な変革プロセスを通じ、段階的なモダナイゼーション計画策定とケイパビリティー向上につなげる
③情報システム全体の スリム化	● 業務・資産可視化のアウトプットやグランドデザインに基づき、既存情報システムの中で、ほとんど使われていないアプリケーション資産、データベースの整理・統合を実施する
④モダナイズ	● システム稼働資産に応じて、リライト・リホスト・リビルド・パッケージ利用などを適用し、モダナイズを実施する

レガシーシステムの代名詞、メインフレームとは

　レガシーシステム、つまり旧式となったアーキテクチャー（設計手法）の代名詞がメインフレームである。メインフレームとは「中核の枠組み」すなわち、企業や政府などの組織で業務処理を行うコンピューターの中枢であることを意味する。

　メインフレームの起源は 1950 年代であり、ビジネスでしっかりと使えるようになったのは 1960 年代である。いわゆるメインフレーム発展期であり、富士通が国産メインフレームとして 1964 年に開発・発表した「FACOM230 シリーズ」から、実に半世紀以上に歴史が及んでいる。

　メインフレームは基幹業務と呼ばれるミッションクリティカル（稼働停止で重大な影響が出る）な領域で活用されてきた背景から、高度な信頼性・可用性（稼働率）・保守性が求められ、そして大量データ処理、継続的な互換性が重視されてきた。1970 年代から 1980 年代の日本では、メインフレームが全盛期であり、日本の高度成長を下支えしてきた。

　メインフレームでの主なシステム開発の言語は、COBOL と JCL。事務処理をプログラミングするためには、簡易かつシンプルな記述方式であり、銀行をはじめとする金融業、製造業、流通業、中央官庁や地方自治体などの公共部門、研究開発機関などで幅広く採用され、大規模なシステムが構築されてきたのである。

　一方で、メインフレームは非常に高価であった。そのため、1990 年代に入ると、半導体 IC チップの集積技術が著しく向上（小型化）し、コストダウンが進んだことを背景に、メインフレーム 1 台で行っていた業務を、複数の小型のコンピューターに分散させてシステムを構築させる、「ダウンサイジング」へと移行していった。

富士通が 1964 年に発表した大型メインフレーム「FACOM 230」

第 2 章

モダナイゼーションに取り組む
先駆的企業に学ぶ

一口にモダナイゼーションに取り組むと言っても、企業によって置かれた状況や経営課題、目的、IT変革の意向は千差万別。ただ、先駆的に取り組んだモダナイゼーション成功の秘訣を参考にすれば、未来戦略に向けたポイントが得られるはずだ。本章では、すでにモダナイゼーションに取り組んでいるいくつかの企業事例を取り上げていきたい。

また、DXの先進国である米国企業と日本企業の相対的な取り組み内容の違いについても、産業界のDXを俯瞰している独立行政法人情報処理推進機構発行の「DX動向2024」を参考に捉えていきたい。

そして、富士通では「IT企業からDX企業に」というメッセージの下、経営・事業・人事・働き方・カルチャーの変革により、競争を勝ち抜く経営基盤づくりに取り組んでいる。その実践知を含めながら確立した「日本型DXフレームワーク」についてもあわせて紹介していく。

1 脱レガシーシステムを成功させた企業事例

■ モダナイゼーションに取り組む企業の傾向

経済産業省が警鐘を鳴らす「2025年の壁」を目前に控える中、老朽化した情報システムが企業経営の変革、すなわち DX の足かせとなっている。その中でもメインフレームはレガシーな資産の中核であり、情報システムを保守・運用していくためには多くの人材とコストを要している。さらには、企業の情報システムを支えているメインフレーム技術者の高齢化や退職により、今後システムを維持していくことすら懸念される状況になっている。

メインフレームは企業におけるコアなビジネスプロセスを担っており、経験者頼みのブラックボックス化したメインフレームでの業務システムは、今後維持できずに企業活動を止める事態にもなりかねない。まさに危機的な状況である。さらに長きにわたり継ぎ足し的に構築されてきたアプリケーションは肥大化・複雑化しており、その都度対処してきた業務データはデータ構造が統一されていないことも多い。

図表2-1 レガシーシステムが引き起こす4つの問題点

レガシーシステムの問題点	発生し得るリスク内容
① 維持・保守・追加開発の困難化	レガシーシステムの開発に携わってきた有識者が退職することにより、ブラックボックス化したレガシーシステムの維持・保守・追加開発が難しくなる
② 維持・保守コストの増大	老朽化や肥大化・複雑化により、セキュリティーリスクや故障リスクが増大し、障害対応が困難になるため、維持・保守コストが増大する
③ 機能陳腐化のリスク	新技術の採用やビジネスプロセスの変更に対して、臨機応変に対応できない可能性や制約事項が生じる
④ データ利活用が困難	個別最適で継ぎ足し開発を行ってきたため各業務システムがサイロ化しており、新しいデジタル技術を導入した場合でも、データの利活用や連携が限定的となる

そうした中、富士通では 2022 年 2 月に、メインフレーム、UNIX サーバーの販売終了、保守終了を発表。メインフレームは 2030 年度販売終了・2035 年度保守終了、UNIX サーバーは 2029 年度販売終了・2034 年度保守終了になる。これは、現在の顧客企業がレガシーシステムからの脱却、つまりモダナイゼーションを推進するために、十分な検討・移行期間として 10 年以上を確保することを目的としている。

メインフレームのような旧式のアーキテクチャーは、提供する IT ベンダー側でも、いつまでも存続させるには限界がある。富士通では社会的責任として相当な移行期間を確保し、その間のメインフレーム製品の出荷予定を含めてロードマップを示したわけである。

レガシーシステムを保有する企業では、将来的な DX を見据えて、オープンなクラウド環境への移行を検討する事例が増えている。メインフレームのレガシー資産の代名詞である COBOL 言語のプログラマー不足への対策や、データドリブン経営に向けた DX 基盤整備を目指し、リライト（書き換え）やリビルド（再構築）でのモダナイゼーションを選択する企業が多い。

また、一部企業ではメインフレームからの移行に要する期間を短縮させ、さらに既存のレガシー資産を最大限に活用することでコストを抑えて安心安全に移行を進めるため、オープン COBOL へとリホスト（現在主流のものへ転換）を選択するケースもある。

2 段階的モダナイゼーションによる基幹業務の刷新

製造×商社の機能を有する建材メーカー企業では、「一般会計業務」「固定資産業務」「債権債務業務」などの基幹業務システムがメインフレームに構築されていた。モダナイゼーションに着手する前に抱えていた課題は次のとおりである。

① 過去開発に携わった企業内の担当者がすでに定年退職しており、メインフレームで稼働している業務システムがブラックボックス化

② 現場に合わせてカスタマイズした機能が多く利用されてきた

③ メインフレーム撤廃に向けてどのようにモダナイゼーションに着手してい

くべきかの道筋を立てていく必要があった

これに対し「モダナイゼーションと業務変革を同時に進める」という強い経営トップのリーダーシップの下でプロジェクトが開始された。AI の予測に基づき最適な生産計画を立て、必要な量だけ部材を調達して生産し、スピーディーに配送するという、事業活動全体の最適化とともに、顧客満足度の向上につなげ、売上拡大の結果を得ることをビジネス変革の目的とした。

そのため、需要予測に基づく需給・生産計画から、資材調達、生産、在庫管理、物流に至る一連の基幹業務について、組織と情報システムの両面から再整備し、モノと情報の流れの見える化を図った。これまでの担当者の経験や過去データに頼った従来のやり方では、欠品や余剰在庫を生むリスクがあるからだ。鮮度の高いデータを整備することで、業務プロセスの最上流にある需要予測の精度を高めるための AI 導入が活きてくるためである。

経営環境の変化や業務改革に柔軟かつスピーディーに対応できるよう、社内のサーバー更新に合わせて、メインフレームから各サブシステムを段階的に切り出し、サーバーに移行するモダナイゼーションの手法を採用した。各業務の切り出しは、まず一般会計を会計パッケージに切り替え、順次同ソリューションに固定資産や債権管理をメインフレームから移行。並行して、個別業務ごとに環境を整えた。また生産関係では、生産子会社の組織再編と併せて生産管理パッケージを導入している。

需要予測機能の AI 化については、富士通の AI ソリューションを駆使してリビルドで開発した。その際、製造業向け計画管理パッケージと組み合わせた需給計画システムを構築している。最適なパッケージ製品のベストプラクティスをベースに段階的に組織や業務標準を合わせて、鍵となる需要予測は AI エンジンを活用した需要予測と計画機能の整備により、在庫抑制、リードタイムの短縮、輸送費低減など効果をもたらした。

モダナイゼーションによる効果は、業務改革の足かせとなっていたメインフレームの撤廃だけではない。今後とも同社における事業の拡大とともに顧客への新たな付加価値創造に向けてモダナイゼーションを続けていくことが、経営トップのビジョンとなっている。

- **パッケージとリビルドによる段階的なモダナイゼーション事例の秘訣**
  - ▶一連の基幹業務におけるモノと情報の流れの可視化を目指す
  - ▶メインフレームから基幹業務システムを段階的に切り出して移行
  - ▶パッケージに組織や個別業務を合わせ、独自機能は AI でリビルド

③ 過去のシステム移行による課題を払拭したリライト事例

　メインフレームで構築された販売管理システムのモダナイゼーションを行った製造業の事例である。同社では過去にもアプリケーションプログラムの変換ツールを用いてシステムの移行を実施したが、2 つの課題に直面した。

　1 つは、ツールによる自動変換率がトライアル時より悪化し、想定外の手作業が増大したこと。もう 1 つが、変換ツールに頼ったため、アプリケーションの詳細な仕様を把握しておらず、新旧システムの現新比較テスト時に不一致が多発したことだ。いわゆるブラックボックスのままで変換ツールを過信して、機械的にモダナイゼーションに取り組んだ結果である。

　こうした従前の課題に対して、再度のモダナイゼーションへの実践では、初めにアプリケーションの現行仕様の徹底的な可視化を実施。既存資産の重複排除や統廃合によるモダナイゼーション対象となるアプリケーション資産のスリム化を行った。

　あわせて可視化の過程にてリバースエンジニアリングで整備した仕様書によりブラックボックスを改善することで、テストケースの立案やプログラムの不具合発見時でのスムーズな対応を実現している。

　可視化への取り組みから、プログラムや業務特性に合ったアプリケーションの変換パターンを検討することで、リライトの変換後に COBOL プログラムの言語特性を色濃く引き継いだ Java プログラム（JABOL）になることを抑制している。一部ではアプリケーションの構造も見直すことを実践し、難解なプログラムはリビルドでの書き換えも行うことで、拡張性や保守性に優れたモダナイゼーションを達成している。

　同社では少ない従業員リソースの下でシステム開発の内製化を進めており、メンテナンス性の高いアプリケーションプログラムへの整備と、クラウ

ド技術とオープンソフトウェアの活用を図ってきた。さらにウォーターフォール開発とアジャイル開発の両面を取り入れたハイブリッドアジャイル型でのプロジェクト推進により、変換後のプログラムの受け入れや新技術への習熟度を早い段階で向上できるよう取り組んでいる。

- ■ **ツールを過信せずブラックボックスを排除したリライト事例の秘訣**
  - ▶徹底的な可視化によりアプリケーション資産のスリム化を図る
  - ▶リバースエンジニアで仕様書を整備しブラックボックスを改善
  - ▶プログラム特性に応じた変換パターン採用と難解部分のリビルド

４ メインフレームの安心安全をオープンシステムに踏襲

もし企業内で COBOL 技術者を十分確保でき内製化の体制が整っているのであれば、COBOL 言語のオープン版を使い続けることも選択肢の１つだ。プログラミング言語としては仕様が安定化しており、ビジネスロジックの記載に特化しているため、モダナイゼーションではリホストの手法を採用するわけである。

海外では COBOL 言語が引き続き使われており、ISO 国際規格への新機能の期待も高く、新規アプリケーションの開発も進められている。IT 業界やベンダー各社においても Web プログラム化やクラウドへの対応、大量データ処理を並列分散させる高速化、プログラマー向けの開発環境の高度化など、積極的に COBOL 言語への機能強化を推進している。

富士通製のオープン COBOL の言語ミドルウェア「NetCOBOL」を例にして、長期にわたり安心して使える COBOL 言語を選択する理由を次に示す。

- ① **国際規格による互換性：基幹業務システムに求められる長期安定稼働の実現**
  - ▶前バージョンの COBOL 言語製品で作成した実行形式オブジェクトの上位互換性
  - ▶ COBOL ソースコードをプラットフォーム間での互換性
- ② **安定した品質・保守性：多くの稼働実績と保守のしやすさ**
  - ▶ 50 年以上にわたる基幹業務システムでの稼働実績
  - ▶自然言語に近いプログラミング言語で読みやすく保守しやすい

③ **高い生産性：業務ロジックに必要な記述を言語仕様で装備**

▶書きやすく、誤差の生じにくい10進演算

▶ READ/WRITE 文によるレコード（行）単位のデータアクセス

▶蓄積されたノウハウや開発標準

　ある金融業では、将来を見据えた早期のメインフレーム撤廃と、現行システムで稼働しているお金を扱うビジネスロジックの安全確実な継承を前提として、メインフレームの COBOL アプリケーションをオープンシステムの COBOL にリホストする選択を行った。その理由は3点ある。

　1点目は、現有の COBOL 技術者を活かせるとともに、現行アプリケーションへの深い理解を継承できること。2点目は、プラットフォームは変わるものの過去の経験値を活かせるため、金融業務などの社会性が高い最重要システムにおいては、緻密な課題対応計画が立てられること。3点目は、アプリケーション資産の量が大規模になると、リビルドやリライトよりも、リホストの方が相対的に移行にかかるコストが抑えられることだ。

■ **COBOL 言語における安定性や経験値を継承するリホスト事例の秘訣**

▶メインフレームで稼働するビジネスロジックを安全確実に移行

▶現有 COBOL 技術者を活かし現行システムへの深い理解を継承

▶最重要システムにおける綿密な課題対応計画策定とコスト低減

2 Fujitsu Uvanceによる 先駆的DX事例

1 Consumer Experience —— 顧客体験価値の向上への取り組み

富士通では、顧客企業のビジネスを加速させ、あわせて社会課題の解決に挑むためのソリューションとして「Fujitsu Uvance」を提供している。本節では、このソリューションを活用いただき、様々な成果を上げている企業事例を紹介する。初めに DX の代名詞とも言える顧客企業の顧客、すなわち消費者の顧客体験価値の向上となる Consumer Experience 分野での事例を示す。

あるコンビニエンスストアでは、無人店舗ソリューションで店舗業務の省力化と販売機会ロスの削減に取り組んだ。その背景には、少子高齢化とともにコロナ禍以降の労働人口の減少により働き手の確保が困難になったためだ。そのため店舗業務を効率化・省力化することが喫緊の課題であった。

まずは、コロナ禍以降の人流回復を見据え、顧客が利用しやすいコンビニエンスストア店舗内の導線を検証。店内ビデオを基に AI を活用した画像処理により、顧客が手に取った商品を自動認識し、事前登録を行った顧客は退店時に自動決済。事前登録を行っていない顧客はセルフレジへ誘導する仕組みを導入した。

もう1つは、小売業における店舗業務省力化と便利で新しい顧客体験の提供を両立させているスーパーマーケットの事例だ。無人のスーパーマーケット店舗の運営をはじめ、レジに並ばずスマートフォンでの決済、ネットスーパーでの買い物など、多様な商品販売・決済手段を Fujitsu Uvance の API 基盤である Retail Platform「Flexible Commerce」で実現している。

こうした多様な顧客体験に加え、購買データの利活用を進めることで、顧客に対するお薦め商品の推奨精度の向上や、お得意様には特別なクーポンを発行するなど、スーパーと顧客とのつながりを強化することに役立てている。老若男女を問わず所有するスマートフォンの利便性と、小売業の店舗に

おける楽しい購買体験をつなげる有効な取り組みと言える。

- **顧客体験価値の向上に取り組む DX 事例の秘訣**
  - ▶顧客企業の顧客すなわち消費者の顧客体験価値の向上を目指す
  - ▶ AI の画像処理を活用した店舗業務の省力化と販売機会ロスの削減
  - ▶ Retail Platform による多様な顧客体験提供と購買データの利活用

2 Sustainable Manufacturing ── 脱炭素や規制下での持続的生産

　地球規模の環境問題としてカーボンニュートラルの実現が叫ばれている。すでに大手企業の中には、自社の製品・サービスにおけるサプライチェーンでの脱炭素の達成を前提とする取引も始まっており、消費者の環境意識とも相まって製造業では大きな経営課題だ。

　ある製造業では、気候変動に対する戦略立案から操業におけるデータ収集、そしてカーボンニュートラルの可視化・分析までの脱炭素化実現戦略を実践。各国の監督機関への情報開示や、GHG（温室効果ガス）排出量の削減実行支援まで、データを利活用したワンストップ化を実現している。

　また、別の製造業では、取り扱っている炭素繊維の資源循環を実現する過程でデジタル技術を活用し、規制対応にとどまらず、材料から製品に加工されていく過程を記録した「トレースデータ」を活用したビジネス競争力の強化を図っている。

　さらに、リサイクルビジネスの創出として、業界におけるステークホルダーと協業し、リサイクル素材を用いた新製品の開発・販売にも取り組んでいる。この事例においては、ブロックチェーン技術を活用したカーボンフットプリント（原材料調達から製造・廃棄・リサイクルのライフサイクル全体で排出される温室効果ガスの排出量を CO_2 換算し、商品やサービスに表示する仕組み）の実現や、資源のトレース情報を通じて信頼性の高いリサイクル素材を安定供給している。

　もう 1 つ、製造業における DX プラットフォームの事例を紹介する。これは個別受注生産方式である SAP 社の PEO（Manufacturing for Production Engineering and Operations）を導入し、設計から製造現場までの情報を一

気通貫で連携・統合する製造プロセスの最適化である。企業で流れる生産指示情報のすべてに対し、整合性を保ち管理するとともに、製造現場で取り扱われる現場情報を電子化して精緻に管理する仕組みを PEO にて提供している。これによる効果は3点挙げられる。

① 「現場主導でのデジタル化」が進められることで標準化・データ化が高速で実現されること

② 「組織でのデータ活用」が推進されることで設計と現場が直結し、組織全体の品質確保や生産性向上が図れること

③ 「企業間のデータ連携」が促進されることで組織の枠を超えたビジネス協業により付加価値を高められること

このように、未来志向による製造業がデジタル技術を活用したデータドリブン経営により、新たなビジネスモデルを構築しているのである。

- ■ 脱炭素や様々な規制下にて持続的生産に取り組む DX 事例の秘訣
  - ▶カーボンニュートラルの可視化・分析による持続的生産の実現
  - ▶ブロックチェーンやトレース情報でリサイクルビジネスを活性化
  - ▶製造業の DX プラットフォーム化による製造プロセスの最適化

3 Healthy Living ── 医療のデジタル化でウェルビーイングを実現

超高齢化社会が到来する中、心身ともに健康で質の高い生活を維持していくウェルビーイングの実現に向けて、生活者・医療機関・企業・行政などをつなげた高度なヘルスケアサービスの提供が不可欠である。

ある医療大学では地域医療の質の向上を目指して、生活者が健康や医療に関するデータを主体的に管理できるヘルスケア領域でのデータポータビリティーを実践している。県内の連携医療機関が診療データおよび患者が同意した健康データを共有、相互利用できるヘルスケアデータ基盤を整備。これにより患者は自身の健康状態に合わせて、検査結果や処方内容などの診療に関する情報をスマートフォンのアプリからいつでもどこででも確認可能となり、QOL(Quality of Life) を実現している。

また、製薬企業と地域医療機関がデジタルデータ活用による治療パターン

の可視化を通じて、最適な治療選択を支援する共同研究を行った事例がある。高度なセキュリティーによるヘルスデータの分析基盤を利用して、特定がん患者のペイシェントジャーニー（患者が医療サービスを受けることで経験するあらゆる工程）を電子カルテデータから分析し、多岐にわたる治療パターンを可視化。これにより、患者が直面する可能性がある問題や障壁の特定につながり、医療プロセスの質を向上させ、治療効果を向上させることに活用している。

　ほかにも薬の製造・販売を行う企業では、テクノロジーの活用により創薬プロセスの変革に取り組んでいる。創薬の現場では複雑なシミュレーション結果や臨床試験のデータ管理、創薬プロジェクトの進捗可視化、研究者間での情報共有が課題だった。これらの課題に対して AI やコンピューティングを活用した創薬プラットフォームの整備を進めている。

- **高度なヘルスケアサービス提供に取り組む DX 事例の秘訣**
    - ▶健康や医療に関するヘルスケア領域のデータポータビリティー実現
    - ▶多岐にわたる治療パターンの可視化を通じて最適な治療を選択
    - ▶ AI や複雑なシミュレーションの活用による創薬プロセスの変革

4 Trusted Society ── 豊かで持続可能なデジタル社会への発展

　ハウスメーカーでは、住まい自体が社会を支えることで、持続可能な未来につながる暮らしの実現を目指し、常時認証技術による暮らしのパーソナライズ化や、家族や訪問者を見守る空間の実現に取り組んでいる。

　常時認証技術では、超高精度な生体認証による本人確認結果を、建物内に設置されたカメラで撮影された人物画像の特徴と紐付けて認証状態を維持。その人物の位置をカメラ間の死角をまたいでトラッキングする。こうした技術と照明機器やスピーカー、モニターなどの住宅機器を連動させ、生活者が好む照度や音楽を自動再生するなど、暮らしに寄り添ったパーソナライズ化された住環境の価値を実現できる。

　また、セキュアな空間として、建物内での転倒事故のリアルタイムな検知やキャッシュレス決済など、認証操作を意識させないサービスへの応用も視

野に入れている。

　海外のある町では、カーボンニュートラルや安全性向上、そして運営の最適化などの都市化課題解決に向け、デジタルツイン技術（現実世界の物体やシステムをデジタル空間に仮想的に再現する技術）の適用を進めている。

　センサー技術を活用した IoT フレームワークやそこから得られる大量なデータの可視化技術、さらには大規模なデータ処理基盤や映像解析技術などを組み合わせて、都市のモビリティー向上、交通・物流の最適化、スマートシティー化を目指すというものである。

　また海外の港湾運営企業では、港湾都市での混雑解消と港湾業務の効率化にデジタル技術を活用したスマートポートに取り組んでいる。急増する海上運送と、港湾での労働者不足により、港湾における生産性の向上や自動化・省力化が喫緊の課題であった。

　量子現象に着想を得たコンピューティング技術により、組み合わせ最適化問題を短時間で解くソリューションを開発。港湾におけるコンテナ荷物のハンドリングの効率化を実現した。これにより正確な船舶の到着時刻や通関プロセスを考慮したバース（港内の貨物の積み降ろしなどを行うための船舶が停泊する水域）の利用スケジュールの最適化を行っている。

　積み付けプランに沿った積み込み前・積み降ろし後のコンテナ配置最適化も行うことで、船舶やコンテナの港湾滞在時間を短縮し、港湾キャパシティーの拡大にも貢献している。あわせて、映像解析技術による港湾内での犯罪やトラブルなどの異常検知、衝突リスク検知技術による港湾内での安全な航行ルートを提案する入港計画の支援などのユースケースまで展開されている。

■ 豊かで持続可能なデジタル社会に取り組む DX 事例の秘訣

▶常時認識技術で暮らしのパーソナライズ化や見守る空間を実現

▶町の様々な都市化課題解決に向けたデジタルツイン技術の実践

▶港湾都市の混雑解消と港湾業務の効率化を組み合わせ最適化技術で解決

3 産業界のDXを進める経済産業省や関係機関の調査事例

1 経営トップが自ら変革を主導して全社横断でDXに取り組む

　経済産業省の関連機関である独立行政法人情報処理推進機構（IPA）の「DX動向2024」では、日米企業アンケートの調査結果の経年変化や最新動向、そして国内DX事例の分析によるDXへの取り組み状況の概観が掲載されている。この資料を参考にして、すでにDXに取り組み、強い経済力を発揮している米国と、これから本格的にDXに取り組む日本とのギャップについて探っていきたい。

　まず、日米のDXへの取り組み状況である。全社戦略に基づきDXに取り組んでいる企業の割合は、2022年度で米国が68.1％、日本が54.2％であり、米国企業の経営トップはDXを積極的に主導していることがわかる。なお、2023年度は日本のみの調査であるが59.4％と増加しており、日本におけるDXへの取り組みは着実に進んでいることが読み取れる。

図表2-2 「DXの取り組み状況」の経年変化と日米比較

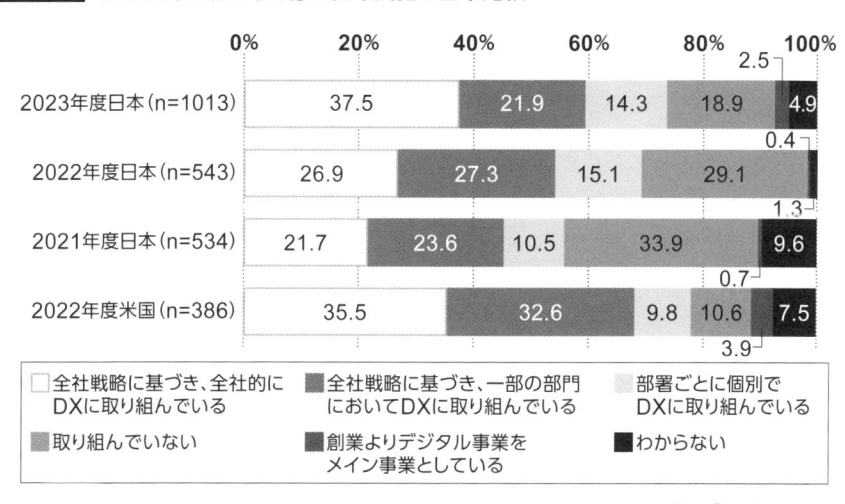

出所：IPA「DX動向2024」

さらに、DX への取り組みにおける成果について見ると、「成果が出ている」は 2022 年度の米国が 89%、日本が 58% と圧倒的な差で米国企業における DX での成果創出がうかがえる。なお、2023 年度の日本の「成果が出ている」は 64.3% と 6.3 ポイント増加しており、日本企業の DX による成果が少なからず伸びていることがわかる。

図表2-3 「DXの取り組みの成果」の経年変化と日米比較

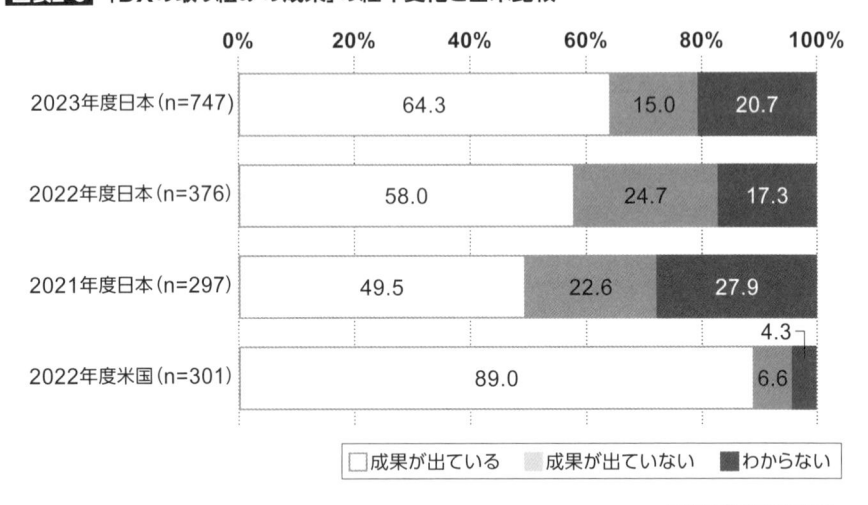

出所:IPA「DX動向2024」

このことから、日本は技術としてのデジタル化は進みつつあるが、組織やビジネスモデルの変革であるトランスフォーメーションでは、米国に比べてまだまだ圧倒的な差があることから、課題があると言える。

2 デジタルの力をトランスフォーメーションに活かす経営判断

これを裏付けるデータとして、次に示す「DX の具体的な取り組み項目別の成果」に注目したい。デジタル化の初期ステップであるデジタイゼーションに相当する"アナログ・物理データのデジタル化"と、次のステップであるデジタライゼーションに相当する"業務の効率化による生産性の向上"における成果は「すでに十分な成果が出ている」と「すでにある程度の成果が出ている」を加えた指標にて日米で大差はない。

図表2-4 「DXの具体的な取り組み項目別の成果」の経年変化と日米比較

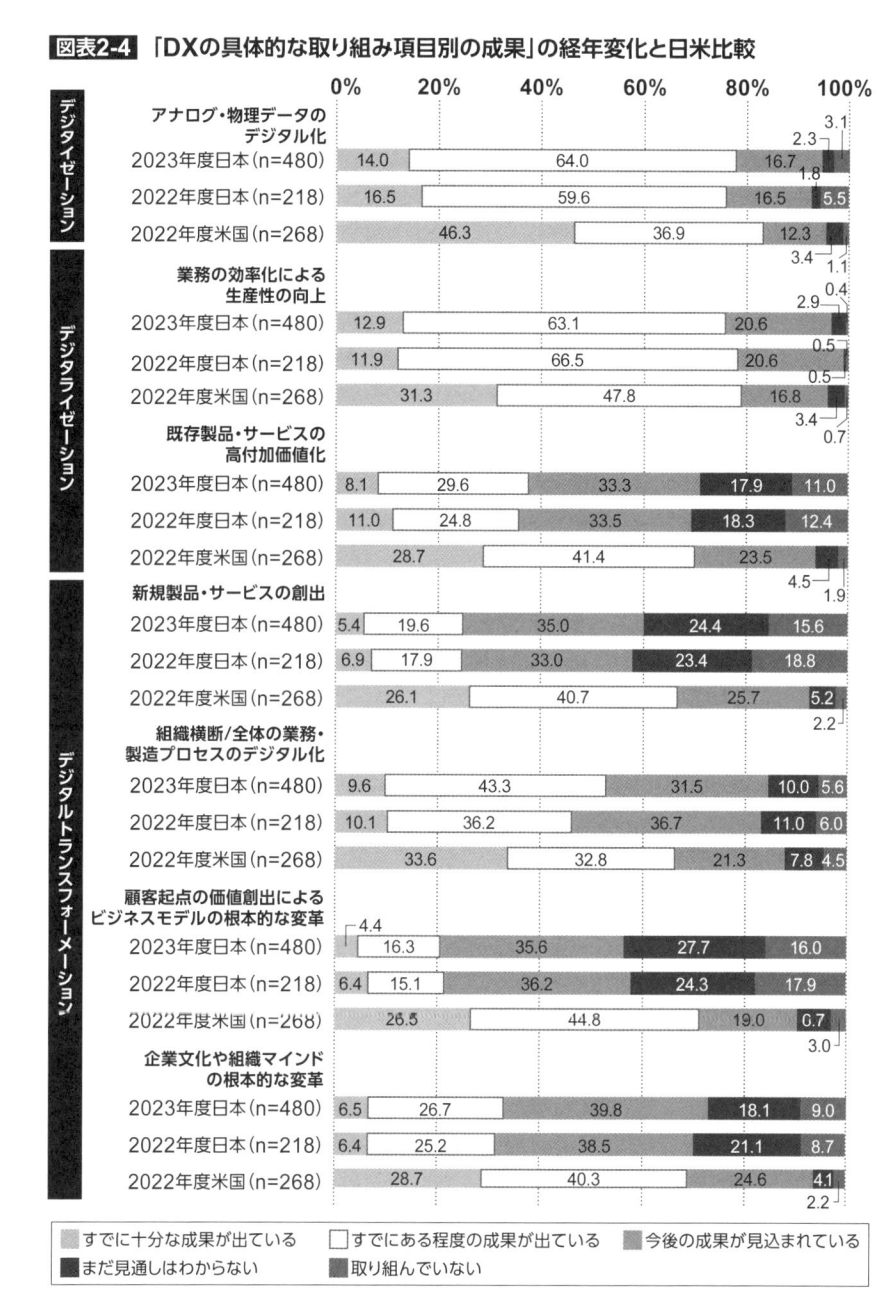

凡例:
- すでに十分な成果が出ている
- すでにある程度の成果が出ている
- 今後の成果が見込まれている
- まだ見通しはわからない
- 取り組んでいない

※DXの成果の設問で「成果が出ている」と回答した企業が対象

出所:IPA「DX動向2024」

しかしながら、イノベーション領域になると日米で差が見えてくる。デジタライゼーションに相当する"既存製品・サービスの高付加価値化"、およびデジタルトランスフォーメーションに相当する"新規製品・サービスの創出"、"組織横断／全体の業務・製造プロセスのデジタル化"、"顧客起点の価値創出によるビジネスモデルの抜本的な変革"、"企業文化や組織マインドの抜本的な変革"では、「すでに十分な成果が出ている」と「すでにある程度の成果が出ている」を合わせても日本は米国に対して低調である。特に顕著と言えるのが新しいビジネスにつながる"新規製品・サービスの創出"と"顧客起点の価値創出によるビジネスモデルの抜本的な変革"が日本では20％台であり、米国の 60 ～ 70% 台とは大きな開きが生じている。

　以上のことから、モダナイゼーションの推進における成果を実現するためには、メインフレームなどのレガシーシステムから刷新したあとを見据えた未来戦略を描いていく必要がある。経営のイノベーションとしての"新規製品・サービスの創出"や"顧客起点の価値創出によるビジネスモデルの抜本的な変革"である DX を、経営トップ自ら経営戦略とあわせて考え抜いていくわけである。

　IT 技術そのものについては情報システム部門や技術に長けた人材に任せればよいが、その先の事業成長を目指し IT をレバレッジ（てこ）として、どのように組織やビジネスモデルを変革させていくかは、経営トップの役割であり経営判断である。このような視座を持ってモダナイゼーションに取り組んでいきたい。

❸ ビジネスニーズへの対応で情報システムに求められる機能

　目まぐるしく変化する経営環境変化に対して、企業は俊敏性（アジリティー）と強靭性（レジリエンシー）で対応していくことが求められる。企業経営を支える情報システムは、新たな製品・サービスの創出や顧客価値を高めるビジネスモデルへの変革といったビジネスニーズに、臨機応変に対応していく機能が必要だ。

　これを裏付けるデータとして少し前の情報ではあるが IPA の「DX 白書

2023」より、「ビジネスニーズに対応するために IT システムに求められる機能（達成度)」の日米比較の調査結果を見てみたい。

　それぞれの調査項目にて「達成している」「まあまあ達成している」を合計した結果が、米国はいずれの項目でも 60% 以上を達成しているが、日本では大きいものでも 40% 台、中には 20% を下回る結果もある。これらの結果から、ビジネスニーズへの対応力が、レガシーシステムを含めた技術的負債の足かせにより阻害されている IT システムの現状がうかがえる。

図表2-5 「ビジネスニーズに対応するためにITシステムに求められる機能（達成度)」の日米比較

項目		達成している	まあまあ達成している	どちらとも言えない	あまり達成していない	達成していない
変化に応じ迅速かつ安全にITシステムを更新できる	日本(n=539)	3.3	24.1	32.8	22.4	17.3
	米国(n=386)	31.1	36.5	15.5	10.4	6.5
小さなサービスから始め、価値を確かめながら拡張していくことができる	日本(n=539)	2.8	20.8	36.2	21.2	19.1
	米国(n=386)	24.9	40.2	20.2	9.3	5.4
構造が柔軟で外部の有用なサービスと連携して活用できる	日本(n=539)	3.0	14.7	37.7	22.4	22.3
	米国(n=386)	25.1	33.9	24.4	10.6	6.0
必要で適切な情報を必要なタイミングで取り出せる	日本(n=540)	4.4	23.0	37.2	19.1	16.3
	米国(n=386)	28.0	33.7	23.3	9.8	5.2
部門間で標準化したデータ分析基盤	日本(n=540)	4.3	16.7	34.3	25.0	19.8
	米国(n=386)	28.5	34.2	18.9	9.3	9.1
社内外の様々なソースから柔軟にデータ収集・蓄積が可能である	日本(n=539)	3.3	12.8	37.7	25.2	21.0
	米国(n=386)	25.1	34.5	21.2	11.9	7.3
プライバシーの強化	日本(n=540)	9.8	30.9	31.7	13.3	14.3
	米国(n=386)	27.2	34.7	22.0	8.8	7.3
場所に依存せず業務を遂行できるリモートワーク	日本(n=539)	11.5	28.2	26.7	15.0	18.6
	米国(n=386)	27.2	35.5	18.7	9.3	9.3

凡例：達成している／まあまあ達成している／どちらとも言えない／あまり達成していない／達成していない

出所:IPA「DX白書2023」

◢4 経営者が企業価値向上を目指すデジタルガバナンス・コード

　産業界の DX を推し進める経済産業省では、経営者に求められる企業価値向上を目指し、DX として実践していく事柄を「デジタルガバナンス・コード」として公表している。あらゆる産業でデジタル技術の活用が加速度的に進む時代変化の中で、持続的な企業価値向上に向け経営者が主導して実践すべき事柄を取りまとめたものである。

　企業規模や法人・個人事業主を問わず、DX への取り組みを自主的・自発的に進めることを促し、特に経営者の主要な役割として、DX を企業が進める能力を無形資産と捉えて、ビジネスモデルの変革とステークホルダーとの対話、推し進めるリーダーシップの重要性を次のとおり説いている。

- **デジタルガバナンス・コードの要点**
    - ▶あらゆる要素がデジタル化される Society5.0 に向けて、ビジネスモデルを抜本的に変革（DX）し、新たな成長を実現する企業が現れている
    - ▶一方、グローバルな競争の中で、競合する新たなビジネスモデルにより既存ビジネスが破壊される事例（デジタルディスラプター）も現れている
    - ▶こうした環境変化の中で、持続的な企業価値の向上を図っていくために、経営者は DX 実践を次のとおり取り組んでいく
    - ① IT システムとビジネスを一体的に捉え、新たな価値創造に向けた戦略を描いていくこと
    - ②デジタルの力を、効率化・省力化を目指した IT による既存ビジネスの改善にとどまらず、新たな収益につながる既存ビジネスの付加価値向上や新規デジタルビジネスの創出に振り向けること
    - ③ビジネスの持続性確保のため、IT システムの技術的負債化（レガシーシステム化）を防ぎ、計画的なパフォーマンス向上を図っていくこと
    - ④必要な改革を行うため、IT 部門、DX 部門、事業部門、経営企画部門など組織横断的に取り組むことが重要であり、企業全体の組織構造や文化の改革、中長期的な投資を行う観点から、経営者の関与が不可欠である

出所:経済産業省「デジタルガバナンス・コード2.0」を基に作成

デジタルガバナンス・コードに沿った取り組みを、経営者の率先垂範によるリーダーシップで進めることで、企業の規模を問わず DX を推進する体制が整備できる。

　なお、デジタルガバナンス・コードでは、企業における DX 推進にレガシーシステムが足かせになっている点や、近年その重要性が問われている SX や GX を効果的かつ迅速に進めるために DX と一体的に取り組むべき点についても触れられている。

4 富士通が取り組む モダナイゼーションへの挑戦事例

■1 DXに立ちはだかる4000を超える膨大な情報システム

富士通では「IT企業からDX企業への深化を目指す」という方針の下、経営トップが主導し全社でのDX推進プロジェクトを進めている。ここにおけるDX企業とは、顧客の情報システムの構築を生業としている富士通が、自身の組織やビジネスモデルを変革し続けていること。そして、これを支える富士通社内での情報システムを最先端のデジタル技術で刷新し、顧客にベストプラクティスとして提案できることである。

富士通では、戦略的な経営施策を推進するうえで阻害要因について様々な分析を行った結果、個別最適で長年の歴史の中で作られてきた社内での情報システムに到達した。グローバルの事業を含めて精緻に調査した結果、社内の情報システムが4000以上に増大していたのである。

これだけの個別最適化された情報システムはこれまでの事業規模拡大に貢献してきたが、全社規模でのビジネスモデルを変革しようとすると、データ連携の困難さや改修でいくつもの情報システムに手が入る二重投資などの弊害をもたらす。変革のスピードにも俊敏に対応できず、Excelでの手作業でのデータ集計で労力を要し、万が一誤ったデータが発生すると、誤った経営判断につながってしまう。

■2 データドリブン経営を目指すOneFujitsuプログラム

富士通ではこの変化の激しい時代において、4000以上の情報システムについて海外を含むグループ全体で整理・統合のうえ、最先端のデジタル技術で置き換えていくOneFujitsuプログラムを発足させた。これは、データドリブンマネジメントとオペレーショナルエクセレンスを実現するためである。

データドリブン経営を実践していくためには、富士通グループ12万人の

従業員が世界中で日々行っている業務活動に、成果として発生する経営資源（ヒト・モノ・カネ）のデータ化・可視化が行われる必要がある。そして、このデータが富士通の業務プロセス全体での End to End でつながった状態で、これらが迅速かつ高鮮度・高品質な状態でデータ化されることで、合理的かつ迅速に経営判断を支えるリアルタイムマネジメントにつながる。

　あわせて、グローバル企業として、日本と海外事業所を含めた全社において、KPI・ビジネスプロセス・ルール・コード体系、そしてシステムの方言をそろえて標準化・統一化を図る。こうした取り組みにより、オペレーショナルエクセレンス、すなわち富士通が付加価値を創造するための事業活動の効果や効率を高めることで、競争優位性を構築するためのビジネスオペレーション上の基盤を整備することにつながる。

図表2-6 「OneFujitsuプログラム」における3つの重点施策

OneFujitsu

合理的・迅速な 意思決定を支える リアルタイムマネジメント	経営資源の end to endでの データ化・可視化	グローバルでの ビジネスオペレーションの 標準化
・ リアルタイムで得られる高鮮度・高品質な経営判断材料 ・ デジタルツインを通じて得られる未来予測の判断材料	・ ヒト・モノ・カネのデータ化・可視化 ・ 業務プロセス全体における「ひとつなぎ」のデータ連携	・ KPI・プロセス・ルール・コード・システムの標準化 ・ どこで誰が実施しても得られる均質なアウトプット

ITプロジェクトではなく、経営プロジェクト

　富士通グループ内では、ERP は「SAP」、CRM は「Salesforce」、IT サービスや申請などワークフローは「ServiceNow」をグループ標準として導入し、グループ全体最適の視点でモダナイゼーションを進めている。

3 経営が主体的に参画するDX体制

　富士通における全社 DX 活動は Fujitsu Transformation（FUJITRA：フ

ジトラ）と名付け、経営トップ主導の下で全社活動に展開している。具体的な推進体制は、CEO（最高経営責任者）とCDXO（最高DX責任者）とCDPO（最高データ処理責任者）直下に置いたCEO室でリードしている。

そして富士通の主要部門やグループ会社、そして各国を横断した約70の部門が参画しており、各部門にはDXリーダーとして約70人の「DX Officer」がおり、横のつながりで全体最適化を進める。

加えて、経営機能単位の執行役員がDPO（データ処理責任者）を兼任し、富士通の経営の生命線とも言えるデータドリブン経営への責任を持つ布陣である。先に挙げた富士通の全社情報システムのモダナイゼーションであるOneFujitsuプログラムは、FUJITRAの施策の1つに位置付けられる。

4 社内DX活動となるFUJITRA

FUJITRAでは「富士通自身の社内DX」と「ビジネスのDX」を連動させて、持続性のあるDXサイクルをつくる目的として活動している。経営と現場が一体となり、全社・全員参加で取り組む自己変革プロジェクトという位置付けだ。「経営のリーダーシップ」「現場が主役の全員参加」「カルチャー変革」の3点がFUJITRAのキーポイントである。

富士通では企業の変革の目的としてPurpose（パーパス）を設定している。「イノベーションによって社会に信頼をもたらし、世界をより持続可能にしていく」という存在意義を表す言葉である。このPurposeをDXの推進エンジンとし、CustomerのCXとして「事業の変革」、ManagementのMXとして「マネジメントの変革」、EmployeeのEXとして「人・組織・カルチャーの変革」、OperationのOXとして「オペレーションの変革」という4つの"X"を掲げている。

OneFujitsuはIT改革として「デジタル・IT・データの整備と活用」であり富士通のDXを下支えする位置付けである。このDX推進のメカニズムの下、約150の変革テーマを設定し、アジャイル手法で3か月ごとに活動サイクルのPDCAを回している。

Column

経済産業省が推奨するデジタルガバナンス・コード

デジタルガバナンス・コードは、経済産業省の「DX 銘柄」や「DX 認定」の評価基準、認定基準にもなっており、経営者が企業価値向上に向け実践すべき事柄を取りまとめたものである。

先駆的な DX 企業が実践している経営者の取り組みを類型化して、ベストプラクティスとしている。自主的かつ自発的に DX を推し進めるために、経営者はリーダーシップを発揮して、企業内外のステークホルダーへの対話を進めることが重要であると唱えている。

以下にデジタルガバナンス・コードの柱立てと基本的な取り組み事項を示す。より具体的な実践方法や企業実例は、経済産業省「デジタルガバナンス・コード実践の手引き 2.1」を参照いただきたい。

① **ビジョン・ビジネスモデル**

ビジョンと IT システムを一体的に捉えて、さらには、デジタル技術による社会および競争環境の変化が自社にもたらす影響（リスクと機会）を踏まえた、経営ビジョンの策定とビジネスモデルの設計を行う。これらを経営者は企業の価値創造ストーリーとしてステークホルダーへ対話で示していく。

② **戦略**

ビジネスモデルを実現するための方策として、デジタル技術を活用する戦略を策定し、経営者はステークホルダーへ対話で示していく。

▶組織づくり・人材・企業文化に関する方策

デジタル技術を活用した戦略を推進する体制を構築し、組織設計や運営方法、さらには人材育成や外部組織との連携について検討し、これらを経営者はステークホルダーへ対話で示していく。

▶IT システム・デジタル技術活用環境の整備に関する方策

デジタル技術を活用した戦略を推進する IT システムやデジタル技術活用の整備に向けたプロジェクトやマネジメント方法を定める。さらには利用する技術、アーキテクチャー、標準化、運用、投資計画などを明確化し、これらを経営者はステークホルダーへ対話で示していく。

③ **成果と重要な成果指標**

　　デジタル技術を活用した戦略の達成度を評価する指標を定めて、経営者はステークホルダーに成果内容と自己評価を対話にて示していく。

④ **ガバナンスシステム**

　　デジタル技術を活用した戦略を実施するに当たり、経営者はリーダーシップを発揮させていく。技術動向や自社の IT システムの評価を踏まえた戦略の見直しを行い、事業前提となるサイバーセキュリティーリスクなどへの適切な対応を行っていく。取締役会を設置する企業においては、DX 推進への戦略策定から実行・評価まで一連の経営者の取り組みを適切に監督すべきである。

デジタルガバナンス・コードでは、身近に起きるデジタル技術によるゲームチェンジが自社にとってビジネス拡大による機会にもなるし、ディスラプターの出現による脅威にもなるとしている。

中堅・中小企業は巨大な組織や人員を抱え、従前からのビジネスモデルを抱える大企業に比べて、意思決定や変革を行うためのスピード確保にアドバンテージがあるとしている。経営資源に制約のある中堅・中小企業こそ、経験と勘に依存することなく、情報を最大限に活かし、デジタル技術を駆使して、ビジネス変革を推進していきたい。

第3章

業務・IT資産の現状分析が
モダナイゼーションの一丁目一番地

モダナイゼーションの一連のステップにおいて、まず取り組むべきは業務・資産可視化だ。情報システムが対象としている業務プロセスを明らかにし、情報システムにおけるアプリケーション資産やデータの可視化を行う。そのとき、モダナイゼーションの対象範囲を具体的に洗い出すだけでなく、そこに潜んでいる問題点まで浮き彫りにし、モダナイゼーションを通じて、どのように対処していくべきかの示唆も提供される。

本章では、この業務・資産可視化について、具体的なイメージを体得いただくとともに、その中で活用しているテクノロジーについてもお読みいただきたい。

1 業務・アプリケーション・データを可視化する重要性

■1 業務・資産の可視化に最初に取り組むべき理由

本書で示すモダナイゼーションのプロセスの最初のステップが「業務・資産可視化」である。このステップでは、モダナイゼーションの対象となる情報システムの業務プロセスと、これをコンピューターで実行するアプリケーション資産（いわゆるプログラムのソースコード）、およびコンピューターの記憶媒体に蓄積されているデータについて棚卸しを行い、資産量と課題の可視化を行う。

なぜ業務・資産可視化に最初に着手すべきなのか。それは、

① **モダナイゼーション対象範囲の把握**
② **全体最適化の視点**
③ **重複投資の排除**
④ **スリム化によるコスト低減**
⑤ **リスクマネジメント**

といった観点を押さえることで、モダナイゼーション実施後の効果を最大化するためである。

経営とビジネスプロセスを支える情報システムをモダナイゼーションするためには、まずどれだけの情報システムで全体を構成しているのかを明らかにしていく。目に見えるわかりやすい個別の情報システムで１つ１つモダナイゼーションを進めていくことは、従来から行ってきた個別最適の延長となる。詳しくは後述するグランドデザインでの説明にゆだねるが「木を見て森を見ず」とならないよう、全体感をもってモダナイゼーションの計画を立てる必要がある。

■2 レガシーシステムが肥大化・複雑化してきた背景

第２章で紹介した富士通の社内システムの事例では、大小様々な4000

以上の情報システムから成り立っているケースがあった。このような状況だと、事業の拡大に応じて個別最適に整備されてきた情報システムが、年数も経過して全体で見れば機能が重複していることもある。

そのため法改正の対応やビジネスプロセスの改革に際し、何か所もアプリケーションを修正するケースに陥る。また、複数の情報システムで同じデータ項目を異なる呼称にて保有していることがあり、データの保守性も低下している可能性もある。場合によっては、データの抜け漏れなどの問題により、データドリブン経営を阻害する要因にもなりかねない。

機能的な重複による二重投資以外にも、これまでの長きにわたり度重なるアプリケーションへの改修の結果、過去のビジネスロジックがアプリケーション内に残存するケースがあり、この二度と動かないビジネスロジックをモダナイゼーションすることで無駄が生じる。

リスクマネジメントの観点では、現在稼働している情報システムで、移行元となるアプリケーションのプログラム資産が欠損していたり、同じ名前で複数バージョンが存在したりすることで、どれが正しい移行元プログラムか企業側で特定できていないケースもよくある。

なぜこのようなことが起きるのか。レガシーシステムの代表格であるメインフレームでは、同じメインフレームの上位互換機種への資産移行が極めて容易であるという最大のメリットがある。そのため、これまで動作していたアプリケーションやデータを稼働中の状態のまま移行（すなわちコンピューター機器だけの更新）しても稼働してしまうのだ。

ただ、しっかりと情報システム資産の構成管理を実行してきた企業においては、動作しているアプリケーションやデータについて、その設計情報となるプログラム資産やデータ定義情報を常に一致するように維持しているという点については補足しておきたい。

3 経営判断に可視化の結果をどう活用すべきか

業務・資産可視化の結果は、モダナイゼーションを進める次のステップである「グランドデザイン策定」と、その次のステップである「スリム化」で

活用していきたい。グランドデザインの策定においては、現状の情報システムをどのように全体最適を意識してモダナイゼーションを進めていくかを検討していく。

現行システムのアプリケーション資産のボリュームや、複雑性・老朽化の度合いに応じて、リホスト・リライト・リビルド・パッケージ適用などのモダナイズ手法を選択する。そのときに、複数ある情報システム間で重複した機能があれば、システムを整理・統合しながら、いずれかのシステム機能に寄せるのか、新たなシステムとして構築するのかなどの判断情報に用いよう。現行システムがあまりにも複雑で、現行資産を活かした形でのモダナイゼーションでは、新規システムの運用保守において多大な労力やコストを要すると予測される場合、経営判断として現行システムを廃棄して新規システムを一から設計して再構築を図るという決断に至ることもあるだろう。

業務プロセスの可視化においては、業務上の「手戻り」や「やり直し」あるいは「歩留まりによる時間ロス」などのボトルネックが顕在化することがある。これはシステムの持つ機能上の問題点と、システム処理を伴う従業員の人的な作業負荷やヒューマンエラーに起因するケースもあるだろう。こういった、現状のビジネスプロセスでの課題を抽出してモダナイゼーションでの解決や改善の機会を得ることにも活用できる。

データについても、モダナイゼーションでのデータの再編成やクレンジング（データを綺麗にする）の活動を行うべきか否かの意思決定につながる。こうした課題の解決や改善が、この先のデータドリブン経営によるリアルタイムな経営判断が実現できるか否かに効いてくる。

4 情報システムの3割程度はスリム化できる

業務・資産可視化は、グランドデザインの検討と相まって、情報資産のスリム化の検討にもつながってくる。長年にわたる法改正への対応や、ビジネスプロセスの改善において、その時々のアプリケーション資産への改修時のリスクを抑え、かつ可能な限り省力化を図ってきたために、アプリケーションが肥大化しているケースがよくある。

具体的には、これまでのアプリケーションはそのままに、複製した新たなアプリケーションへ改修や改善のプログラミングを加えるケースである。開始日に合わせて改修や改善を加えたアプリケーションによる業務運用が開始され、複製元のアプリケーションは役割を終えるものの、情報システム資産としては何かしらの問題が発生したときに元に戻すリスク対策として残存しておき、そのまま二度と使われなくなるのが一因だ。

　また、1つのアプリケーション内でも、ある日まで動作する従前のプログラムロジックと、ある日を境に動作を始める新たなプログラムロジックとを混在させるアプリケーションの改修テクニックがある。この場合においても、その改修が適用される日からは従前のプログラムロジックが二度と使われず、いわゆるデッドロジックとなる。こうした、安全確実に既存の情報システムを改修させてきた名残がある場合は、モダナイゼーションのタイミングで不要と判断されたアプリケーション資産を廃止することで、情報システムのスリム化をすることが賢明である。

　一般的ではあるが、長きにわたり開発・運用されてきたレガシーシステムでは、アプリケーション資産の3割程度がすでに役目を終えており、業務利用される頻度の観点などからスリム化の対象資産となる。移行するアプリケーション資産量に比例して、モダナイゼーション実施に関わる労力やコストが増加することから、3割のスリム化が実現できることは経営的にも大きなインパクトであると言える。

2 大切なアプリケーション資産の規模や複雑性を解明

■1 アプリケーションの所在確認と移行対象量やヌケモレを確認

　ここからは富士通が有する業務・資産の可視化ソリューションを例に、主に取り組むべき事項について解説する。モダナイゼーションを実践している各ITベンダーや各モダナイゼーションサービスにおいても同様な業務・資産可視化の仕組みがあるので参考にしていただきたい。

　アプリケーション資産の可視化で確実に行うべきは、モダナイゼーションの対象となるアプリケーション資産のベースライン調査である。アプリケーション資産を機能、属性ごとに分類し、企業における正本管理状態をチェックすることから着手する。これにより、現有するアプリケーションの資産数や規模、使用状況を把握して、グランドデザイン策定へのインプット情報として整理する。

　またアプリケーションごとの属性や管理状況を把握し、さらに深掘りして調査を進めるための必要資産の過不足についての判断にも利用する。アプリケーション資産のベースライン調査における簡易整理した例を次に示す。

図表3-1 アプリケーション資産のベースライン調査イメージ

No.	格納ライブラリ	メンバ名	Lv.4機能ID	属性				管理状況		使用/ 未使用（候補）
				資産種別	オン/ バッチ/ 共通		ステップ数	重複	不足	
1	AAA	A11A001	A11A	COBOL	オン（メッセージファイル）		1,000			使用
2	AAA	A11A002	A11A	COBOL	オン（表示ファイル）		1,000			使用
3	AAA	A11A003	A11A	COBOL	オン（表示ファイル）		1,000			未使用
4	AAA	A11A004	A11A	COBOL	バッチ		500	重複		使用
5	AAB	A11A004	A11A	COBOL	バッチ		500	重複		使用
6	AAB	K21A001	K21A	COBOL	共通		750			未使用
				JCL	バッチ		100			使用
				COPY	-		100			使用
10				PRG	バッチ				不足	使用

同名のプログラムが異なるライブラリに存在

CALLされているが存在しない

　この例示した様式では、アプリケーションを構成するプログラム単位に属性を調査し、分類の上で、正本の管理状況を判断している。例示のとおり属性としては、「どのようなプログラム資産種別か」「オンラインアプリケーシ

ョンかバッチアプリケーションか、それとも共通的に呼び出されるアプリケーションか」「プログラムの規模を表すステップ数」を調査している。

　また正本の管理状況では、「重複しているか」「プログラム資産が不足しているか（所在が不明）」「実際に使用されているか未使用なのか」を調査している。このような整理を行いながらモダナイゼーション方針として、リホスト・リライト・リビルド・廃棄・パッケージ適用のいずれかを、この段階での方向性として見極めていく。

　ベースライン調査においては、稼働資産分析としてアプリケーションを構成するプログラム間での呼び出し関係や、アプリケーションの稼働ログなどの情報を基に、実運用で稼働しているプログラムを明らかにする工程も含まれている。平均的な未稼働のアプリケーション資産は3割に上っており、極端な例では6割の未稼働アプリケーション資産が発見された事例もある。

　さらに類似分析では、プログラム内の探索により同様な処理を行っていると推測されるプログラムの類似性について、傾向や分布の分析結果をヒートマップで可視化している。これにより、類似性の高いプログラムは整理・統合させ、共通に利用するプログラム、例えばAPI（Application Programming Interface）化の候補立案にも活用できるわけである。

　このほかにも、アプリケーションが参照・更新するデータファイルをマトリクスで表記するシステム相関分析などもあり、あらゆる角度・視点にて大切なアプリケーション資産を可視化して、次のステップの材料にする。

2 アプリケーションの構造や課題を明確にして再利用性を評価

　アプリケーション資産の複雑さについて評価を行うことで、以降のモダナイゼーションの難易度や保守性を把握することが大切である。富士通では「ソフトウェア地図」と称する独自技術により、アプリケーション資産を構造分析し、業務のための機能や役割を実現している機能コンポーネントを自動発見する技術がある。発見した機能コンポーネントに基づいてアプリケーションの全体像を町並みの地図形式で表現し問題箇所を直感的に可視化できる。次ページの図表3-2のとおりアプリケーションの複雑性を表現する。

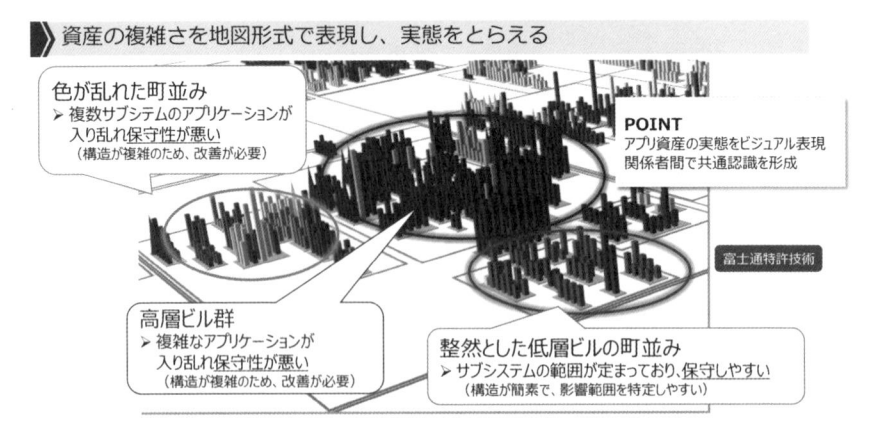

図表3-2 ソフトウェア地図によりアプリケーションの複雑さを表現

資産の複雑さを地図形式で表現し、実態をとらえる

色が乱れた町並み
➤ 複数サブシステムのアプリケーションが
  入り乱れ保守性が悪い
（構造が複雑のため、改善が必要）

POINT
アプリ資産の実態をビジュアル表現
関係者間で共通認識を形成

富士通特許技術

高層ビル群
➤ 複雑なアプリケーションが
  入り乱れ保守性が悪い
（構造が複雑のため、改善が必要）

整然とした低層ビルの町並み
➤ サブシステムの範囲が定まっており、保守しやすい
（構造が簡素で、影響範囲を特定しやすい）

　図表の中心にある高層ビル群は、複雑なアプリケーションが入り乱れて保守性が悪いことを表している。また、図表の左側にある色が乱れた町並みは、複数のサブシステムのアプリケーションが入り乱れていて保守性が悪いことを表している。いずれも、サブシステムやアプリケーションの構造を改善する必要があることを意味している。

　一方、図表の右側にある整然とした低層ビルの町並みは、サブシステムやアプリケーションの構造が簡素で、改修などによる影響範囲を特定しやすい。すなわち保守性の高い良好な状態を表している。

　このソフトウェア地図によりアプリケーションの複雑性が把握できる期待効果として、モダナイゼーションで対象となるアプリケーションの優先順位を決められることがある。また、経営や現場業務部門、情報システム部門などの関係者間で、共通認識や優先順位への納得感を得ることにも貢献する。

3 アプリケーションのメインフレーム依存度から移行リスクを評価

　モダナイゼーションにおいては、アプリケーションが利用しているメインフレーム固有機能を洗い出して、オープンシステムへのアプリケーション移行における課題を抽出することも重要になる。このメインフレーム利用機能調査により、リスクに対応した計画立案を行う。

図表3-3 メインフレーム利用機能調査による影響箇所の調査

>> 『本数』、『箇所』は各項目の利用量を、『難易度』は移行の難易度を示す

【アウトプットイメージ】

No.		非互換内容	本数	箇所	難易度
1	NDBの調査	GET,STORE,MODIFY,CONNECT,DISCONNECT命令利用	3,262	19,572	高
		I，A 利用	3,023	18,356	中
2		V，H 型利用	238	1,216	高
3	オンライン方式調査	メッセージファイルインターフェース利用	519		高
4		他システム通信、非同期通信、特殊端末通信 ATMなど)	12		高
5		オンラインコマンド、突放し処理など	130	250	高
6		DSP端末通信、PG間連絡など	519	1,557	中
7	ユーティリティの種類	JXA(AIM)、特殊通信（例：全銀手順）など	4	89	高
8		JOQ(ADJUST),SORT,JSDGENER（ファイルコピー／圧縮等）など	9	12,504	低
9	JCL生成	JCL構文の記述			
10	コンソール機能	ACCEPT FROM CONSOLE			
11		DISPLAY UPON CONSOLE			

> 本数が多いためテストに負荷がかかるなどの考慮が必要

> インパクトが大きい

> 難易度が高い機能を利用しているが対象は13本のため、影響は小さい

> DBのI,A型はアクセスルーチン方式であれば実績がある

POINT
難易度が高く、利用量が多いものがコストおよびスケジュールへのインパクトが大きい

※表の一部を抜粋したイメージ

　例えば、メインフレーム特有のデータベース構造であるネットワーク型データベース（NDB）は、リレーショナルデータベースが中心となるオープンシステムへの移行において難易度が高くなる。そこで、既存のアプリケーションが、どの程度ネットワーク型データベースを利用しているのかを調べることが必要だ。そのほか、オンライン業務で利用しているアプリケーション制御方式にはいくつかのメインフレーム固有の形態があり、どのアプリケーション制御方式が利用されているかなどの把握も必要である。

　このようなメインフレーム固有の機能をどれだけ既存アプリケーションが利用しているかを可視化し、その部分をオープンシステムへの移行時に、どのように置き換えていくか検討するポイントを明らかにする。実際にはリホスト・リライトできる箇所や、思い切ってリビルドを採用する箇所の判別などに活用していく。

3 自社ならではのビジネスプロセスを可視化して顧客価値を創出

1 ビジネスプロセスを可視化することの意義

　企業がもうける仕組みであるビジネスモデルとは、自社独自の付加価値を通じて生み出され、顧客から多大なる支持を得ることで付加価値の販売につながり、ビジネスとして収益を継続的に生み出す仕組みのこと。このビジネスモデルを支える企業活動こそがビジネスプロセスである。

　情報システムと従業員の意思決定やシステム外の手作業において、顧客に付加価値を届けるビジネスプロセスが成り立つことは、おわかりいただけると思う。ビジネスモデルを図式化するビジネスモデルキャンバスによると、9つのブロックの構成要素がある。このブロックのそれぞれのビジネスプロセスにおいて、企業独自の優れた取り組みや、他社に勝る強みが存在するか否か、つまりオペレーショナルエクセレンスが存在することが持続可能な企業経営を成立させるのである（詳細は第10章で触れる）。

図表3-4 ビジネスモデルキャンバスにおける9つのブロック

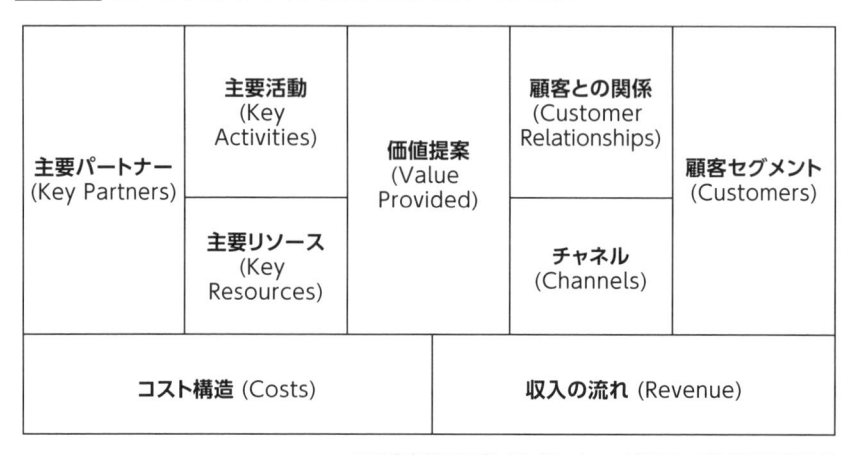

主要パートナー (Key Partners)	主要活動 (Key Activities)	価値提案 (Value Provided)	顧客との関係 (Customer Relationships)	顧客セグメント (Customers)
	主要リソース (Key Resources)		チャネル (Channels)	
コスト構造 (Costs)			収入の流れ (Revenue)	

出所：『ビジネスモデル・ジェネレーション ビジネスモデル設計書』(翔泳社)

では現状のビジネスプロセスに、何かしらのボトルネックが発生していないだろうか。また自社のビジネスモデルを高めるため、もしくはオペレーショナルエクセレンスに昇華させるために、さらなる改善ができることはないだろうか。そういった点を情報システムの切り口から探索していくことが、業務・資産可視化において業務プロセスを可視化することの意義と言えるのである。

2 プロセスマイニング技術によるオペレーションの可視化

情報システムの既存の設計書に記載された情報や、利用者からのヒアリング情報だけでは把握しにくい取引データの動きなどから、正確なビジネスプロセスの状況を把握し、業務運用におけるボトルネックや手戻りなどを特定しなければならないケースがある。このような分析には Celonis を代表とするプロセスマイニング技術を利用する。

具体的には、まずアプリケーション間で処理・連携される受注伝票などのトランザクションデータや、アプリケーションの稼働回数を表すシステムのログデータを収集。そこからタイムスタンプ、アクティビティー（業務内容など）、ケース ID（伝票番号など）を軸に、実際に行われた業務プロセスの動きを再現、可視化していく。

前述の Celonis は、稼働中の情報システムへコネクターという接続部品を介して必要な情報を収集できるシステムだ。レガシーシステムの場合は、稼働中の COBOL プログラムから、逐次必要な情報を獲得できるような改修をすることで、リアルタイムにタイムスタンプ、アクティビティー、ケース ID を収集できるようになる。

こうして収集したデータは、マイニング技術で複雑な業務プロセスを End to End で可視化・分析するというものである。

このように、ビジネスプロセスの無駄・ミス・滞留・やり直しを発見し、改善項目を抽出することで、コスト削減やスピードアップ、オペレーショナルエクセレンスへの気付きが得られる。

図表3-5 ビジネスプロセス可視化によるボトルネックの分析例

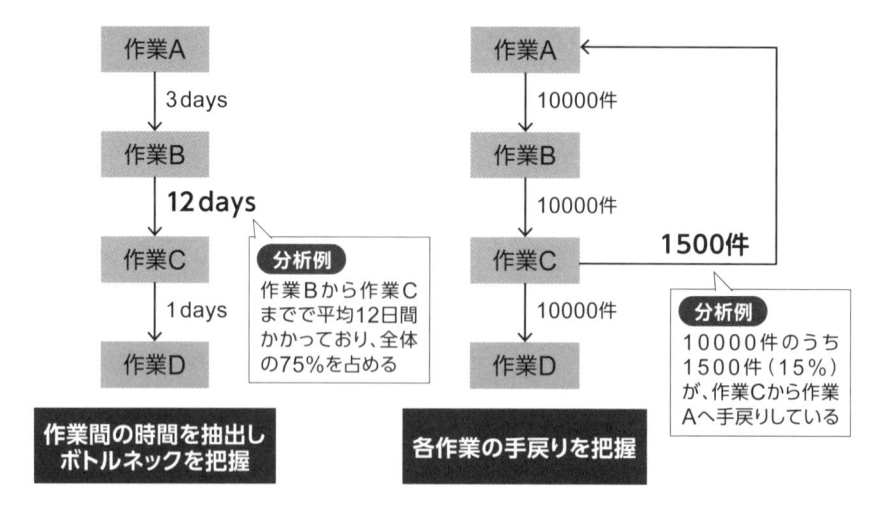

作業間の時間を抽出し ボトルネックを把握

各作業の手戻りを把握

3 ビジネスプロセスの可視化をモダナイゼーションに役立てる

　業務プロセスを可視化することで、目に見えない非効率性を特定し、業務プロセスの改善までを継続的に実施することに役立てられる。改善項目が発見できれば、モダナイゼーションの実行の際に、無駄な処理のスリム化を図り、歩留まりや時間のかかる業務処理を抜本的に改善させる判断材料となる。さらに Celonis を活用したビジネスプロセスの可視化では、正確かつ一貫性のある業務フローを記載したドキュメントが自動作成される。このドキュメントを用いることで素早く、最小限の労力でビジネスプロセスの全アクションについて実態を把握できるようになる。

　後述するグランドデザインを策定する際においては、現状のビジネスプロセス（AsIs）と、顧客への付加価値を最大化する、あるべきビジネスプロセス（ToBe）を比較して、ギャップ抽出と根本分析が可能となる。これにより、短時間で ToBe のあるべきビジネスプロセスのモデルを再構築でき、ギャップのある部分は客観的なデータに基づいて比較されるため、定量化されたインパクトに基づいて自動的に改善に向けた優先順位付けがなされる。

図表3-6 ビジネスプロセスの可視化によるモダナイゼーション効果

モダナイゼーションにおけるプロセスマイニング技術：Celonisの価値

● 実際に動作しているシステム状況を加味して、ビジネスプロセスで発生しているボトルネック（無駄・ミス・滞留・やり直し）を発見し、コスト削減やスピード向上への改善

● モダナイゼーション実践では、全ての業務オペレーションのデータを基にした業務プロセスの可視化から、目に見えない非効率性の特定、業務プロセスの改善までを継続的に実現

	業務の可視化	グランドデザインの策定	モダナイズの実行	モダナイゼーション完了後
価値提供フェーズ				
具体的なCelonisの提供価値	・正確かつ一貫性のあるドキュメントとして業務フローを自動作成 ・業務プロセス内の全アクションについて詳細に確認可能	・ToBeプロセスモデルを構築（AsIsとのギャップ抽出と根本分析） ・抽出ギャップは、定量化されたインパクトに基づき優先順位付け	・現実の業務プロセスに即したテストシナリオ作成とテスト活用 ・テスト漏れ発生リスクの回避、無駄なテストをおさえる効率化	・ダッシュボードによるモニタリングと継続的な業務プロセス改善 ・移行直後のミス発見や、新たな標準業務フローからの逸脱を検出

システムの最新化に留まらない、業務プロセス改善への伴走支援機能

　モダナイズの実行時は、プロセスマイニングの分析に基づいた実際のビジネスプロセスに即したテストシナリオが作成されるため、情報システムスのテストへ活用できる。そのため、現場で行われている実際のビジネスプロセスへの考慮が足りず、テスト漏れが発生するリスクを回避できる。さらに踏み込んで言えば、現場に即した情報システムのテストに注力できるため、無駄なテストを抑えることでモダナイズ検証における効率化に貢献し、移行期間の短縮やコスト削減に寄与する。

　モダナイゼーション完了後は、この手法を用いたビジネスプロセスの分析を継続的に行うことで、継続的なビジネスプロセスの改善につなげられる。例えば、新たな情報システムの潜在的な障害があった場合、ビジネスプロセスを継続的にモニタリングすることで早期発見につながることもあるだろう。また、システム利用者が気付いていない重大なビジネスプロセス上のリスクについて、ビジネスプロセスの分析より早期検出の機会につながり、顕在化する前に対処することも可能となる。

　新しいビジネスプロセスから逸脱したビジネスオペレーションを検出するダッシュボードの仕組みを構築することで、通知・自動化・早期復旧のPDCAサイクルの実現に貢献できる。このような、システムの最新化にとどまらない、ビジネスプロセスの継続的改善への伴走支援を実現できる。

4 データ利活用に堪え得る データ構造に向け課題を整理する

■1 データの複雑化やサイロ化を解消することの重要性

　データドリブン経営を実践し、リアルタイムな経営判断や現場でのビジネスプロセスにおける重要な業務的意思決定を行うには、インプットとなるデータが活用できる状態にあるかどうかが鍵となる。

　長きにわたり開発・運用されてきたレガシーシステムにおいて、データ内容の追加・削除が繰り返された継ぎはぎ状態では、新しい技術やツールでそのまま利用できない状況にある。また、その時々の事業拡大に合わせて整備された個別システムによって蓄積されたデータが、その利用部門でのみ利用されるなど、企業全体で有益なデータがサイロ化により、全社で共有されていないこともある。こうしたデータの複雑化やサイロ化を是正することが、データドリブン経営を始めるための第一歩となる。

　情報システムのモダナイゼーションでは、現行アプリケーションの最適化（機能の拡充・統合・スリム化など）を行う際に、データに着目したアプローチを取るのが理想的だ。しかし実際には、それまでビジネスプロセス上で使われてきた、既存の情報システムのアプリケーションの機能を残すアプローチになりがちである。長きにわたり継ぎはぎで整備されてきたアプリケーションの機能は、大規模化して複雑となり、データを重複保有していたり、保守がしにくい状況になっている。

　こうした機能中心のPoA（プロセス中心アプローチ）という切り口ではなく、ビジネスプロセスで取り扱われる顧客台帳情報や商品台帳情報などのマスターデータと、受発注などの取引で都度発生するトランザクションデータといった業務データを起点にして、システムやアプリケーションを考えていくDoA（データ中心アプローチ）が重要となるケースがある。

　現行アプリケーションを新システムへ引き継がないリビルド手法を採用す

る場合や、システムの完全刷新を図る場合は、データ中心アプローチを念頭に進めていくべきである。このため、モダナイゼーションを進めるためにも、複雑性やサイロ化といったデータの課題をクリアしていくことを検討する必要がある。

2 データモデリングによりデータ構造や業務仕様を可視化

データモデリングとは、ビジネスプロセスの全体で扱うデータとその関連性を定義して現行業務仕様を可視化することである。データモデリングを行うことによるメリットは大きく分けて3つある。

① **データモデリングを行うことにより、大量の業務仕様書を読むことなく、データモデルという表記方法で記載した1枚のドキュメントで業務・システム仕様の概観を押さえることが可能となる**

② **業務・システムで扱っている情報の粒度単位や業務用語をデータ構造の中で明確にできる。これにより従業員やITベンダーなどの関係者間で共通認識が持て、円滑なコミュニケーションに役立つ**

③ **業務要件を決められた表記や区別分割で書き直すことで、必要な情報構造を的確に把握できる。業務要件の曖昧性や矛盾点、バリエーションによる考慮漏れに気付く機会を得ることができる**

長期間利用されてきたレガシーシステムでは、システム開発に携わった従業員の退職などにより、現在稼働している情報システムの業務を把握している人が不在だったり、残されたドキュメントが陳腐化していたりすることが往々にある。データモデリングにより、モダナイゼーションを行う関係者間での共通のコミュニケーションのベースラインを構築し、業務仕様の見落としや齟齬がないように移行対象の業務分析を行うことができる。

またモダナイズ後にシステム品質を確保するためのテスト実施においては、テストケースを検討するための業務バリエーションとしてデータの発生パターンやその組み合わせを網羅的に検討することが可能となる。何より、データモデリングの作業に関わったメンバーへの業務・システムへの理解と、ノウハウとしての伝承も可能となる。

さらには ToBe となるモダナイゼーション後のデータドリブン経営に向けた、あるべきデータを検討するという観点では、データモデリング調査を通じて、データ構造上のゆがみや複雑な部分をあぶり出し、データ構造としての問題点や課題を抽出することにも貢献できる。

　データモデリングを行うための大まかな手順について述べておきたい。最初のステップは、現行システムの画面や帳票を中心に、残存するドキュメントをインプット情報として、データの観点で定められた手順でデータモデリングの表記へと落とし込む。次のステップは、作成したデータモデリング資料を用いて情報システム部門と現場業務部門でコミュニケーションを取りながらデータ起点での業務仕様を明らかにしていく。最後のステップは、コミュニケーションで明らかになった業務仕様をデータモデリング資料に反映し、関係者間での共通認識を持つ。

❸ データプロファイリングによりデータ内容の汚れを可視化

　データプロファイリングとは、現行システムの実データを検査して、高品質なデータであるかを評価していく分析手法である。データの品質とは、例えば、単一項目の観点では実データに汚れや欠損が存在するか、すでに役目を終え不要になっているデータがあるか、あるいは、複数項目にまたがる観点では重複した情報が存在するか、などが挙げられる。モダナイゼーションにおいては、無駄なデータ、不要なデータ、重複したデータを洗い出して、データ資産のスリム化を検討することに役立てられる。

　また、問題のあるデータやデータに隠れた仕様を明らかにすることで、データ移行方針やデータ移行仕様を明らかにすることも可能だ。さらにはデータモデリングと突き合わせることで、業務要求を満たしているデータモデルになっているかの妥当性検証や、データ項目定義の正しさを検証することで、データの問題や制約事項を明らかにできる。

図表3-7 データプロファイリングで発見できる主な問題事象

主な問題事象	モダナイゼーション時の影響
未使用項目	データ容量やアプリケーション実施における無駄となる
無意味項目	業務的に不要であると判断できればデータ容量やアプリケーション実装における無駄となる
重複項目（類似項目）	同じデータを複数保有、あるいは、業務上の呼び方を変えて同じデータ内容が存在し、データ容量やアプリケーションの無駄となる
未入力の必須項目	システム不具合の誘発、業務的な意味の捉え違いなど考慮不足
業務上の想定外データの入力項目	業務上の扱いの考慮不足

　データプロファイリングでは、メタデータと呼ばれる現行システムのデータを定義した情報と、実際のデータ内容の突き合わせを行っていく。ある企業の情報システムでは、データプロファイリングの結果、数百件の問題点を発見したケースもある。

Column

MDM（Master Data Management）

　MDM（マスターデータマネジメント）とは、企業や組織が持つ重要なデータを一元的に管理し、データの品質を向上させ、企業内の複数の組織やシステムの間、そしてビジネスプロセス全体でデータの一貫性を保つための戦略的な取り組みである。企業内データは、継ぎはぎでのシステム拡張や場当たり的なデータ仕様の変更、属人的なデータ管理により多くがサイロ化した状態にあり、全社横断でのデータ利活用を阻害する要因となる。

　MDMの実践によりデータが可視化され、ガバナンスが強化されたマスターデータになることで、次に挙げる様々なメリットを享受できる。

- ■ ビジネスパフォーマンスの向上：データの一貫性や共通化により、組織内のコミュニケーションや業務遂行の効率化が図られ、自動化も促進
- ■ 意思決定の質の向上：正確なデータに基づくデータドリブン経営の実践
- ■ コンプライアンスへの対応強化：マスターデータの散在を防止することで、法的リスクや社会的信用を落とすリスクを回避
- ■ オペレーションコスト削減：データ管理コストの低減、二重入力の回避
- ■ ビジネス競争力強化：データ活用により新たなビジネスチャンスを創出

組織全体の重要な取り組みであるMDM実践を成功させる秘訣を示す。

① トップマネジメントのMDMへのコミットメントと関係者の協力を得る

② MDMの明確な目標を設定し、成功の評価基準となる目標数値を定める

③ 組織におけるマスターデータの定義を明確にしデータの標準化を行う

④ データクレンジング、重複データ削除、データ整合性チェックなどによりデータ品質の向上を図る

⑤ データ品質と一貫性を維持するためのルールとプロセスを整備して、データガバナンスを確立する

⑥ データの収集、統合、管理、分析など適切なツールや技術を採用する

⑦ MDMは一度きりではなく、PDCAサイクルを回し継続的に改善する

⑧ いきなり全データを対象にせずスモールスタートで始め範囲を広げる

第4章

あるべき姿を目指し
グランドデザインを描く

業務・資産可視化といった現状分析に続き、次のステップでは、企業のあるべき姿を実現するために、将来の業務や情報システムの全体像をグランドデザインとして描き、経営に真に役立つ情報システムに変貌させていくための移行ロードマップに落とし込んでいく。

この検討では、現在見えている課題に対して、できることを積み上げ型で改善していくフォアキャスト型のアプローチではなく、将来の企業のありたい姿を明確にし、ありたい姿に向けて業務や情報システムをDX(変革)させるバックキャスト型のアプローチが必要となる。そして、現在から将来に向けて、どのようなステップで経営改革、DX、レガシーシステムのモダナイゼーションを進めていくかを定義する移行計画が必要となる。

本章では、ありたい姿やグランドデザインを描くためのEA(エンタープライズアーキテクチャー)手法を用いて、経営からもわかりやすく移行ロードマップを具体化する内容に触れていく。

1 未来戦略を考え抜き バックキャストで思考する

■1 現状システムからの積み上げ改善型モダナイズ計画

　現状の情報システムで見えている課題を起点に、次の情報システムを考える思考がフォアキャスト思考である。つまり現在や過去からの経緯を踏まえて未来を導き出すという積み上げ型の計画方法である。

　今ここにある課題を確実に対処していける点と、見えていること、できることを着実に準備していくため、リスクが少ないというメリットがある。例えば、以下のようなものがフォアキャストの発想である。

- システムの稼働を支えている OS のバージョンが古く、メーカーの保守が切れているため、継続的なサポートを受けられるよう新しい OS にバージョンアップのみ施したシステムに更新する
- 製造業における組み立て工程の歩留まり率を改善させるために、現在の人手で労力をかけて行っている伝票作業工程を、システムでの自動化の範囲に加える
- 今稼働しているメインフレームや UNIX の個別情報システムを、現在のコンピューターハードウェアのリース期間が満了されるまでに、リホストやリライトによりオープンシステムやクラウドシステムへ、まずは移行する

　フォアキャスト思考は、しっかりと地に足をつけた取り組みという意味ではベストだが、DX を通じて事業活動の抜本的なイノベーションを起こし、次の成長軌道に乗せていくという大局的な観点においては、弱点が出てくる側面もある。例えば、現状を起点にできることから考えていくため消極的な思考に陥りやすく、チャレンジングな計画や画期的な施策が立てられない可能性がある。

　また、近視眼的な視点となるため長期的な視点で経営やビジネスを変えていくというストーリー性のある戦略や計画が立てにくいという点もある。結果として小手先での業務改善にとどまる可能性を秘めている。

2 あるべき姿を描き逆算で考えるバックキャスト思考

バックキャスト思考とは、未来のあるべき姿から現在にさかのぼって検討する考え方である。モダナイゼーションにおける未来とは、経営に貢献する情報システムである。すなわち、「経営ビジョンや経営戦略に基づいて、中長期でのビジネスと情報システムの整合性を図りながら、DX 実現に向けたモダナイゼーションを実現するために、IT アーキテクチャーの設計や実行の計画を策定する」ということである。

図表4-1 情報システムのグランドデザイン策定における全体像

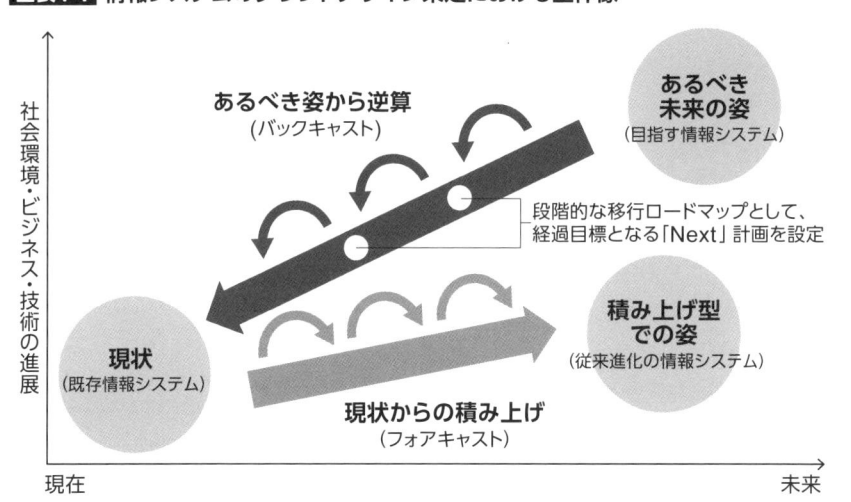

例えば以下のようなものがバックキャストの発想である。

- 製造業にて、製品の売り切りだけでなく、サブスク型のビジネスを拡大するために、サブスク事業部を設立するとともに、サブスクビジネスに必要となる EC サイトや従量課金プラットフォームを構築する
- 運送ドライバーの人材不足の課題を解決するために、これまではグループ企業内の会社ごとに物流部門があったものを、グループで統合し物流効率を高めるとともに、各会社が持っていた倉庫管理・輸配送管理システムを統合する

一方で、グランドデザインとは「壮大な計画や長期間での大きな構想」の意味を持つ。つまり、雄大な計画性、高い志向、多面的な視点、この３点が必要となる。そのため、DXを目指し経営に役立てられる情報システムのモダナイゼーション計画を検討するグランドデザインを策定するためには、バックキャスト思考での計画策定を進めていくべきである。

　この未来のあるべき姿となる目指すべき ToBe の情報システム像が明らかになれば、その地点に AsIs となる現行の情報システムからどのように向かうべきかの移行シナリオが必要となる。この AsIs から ToBe に向かうためには、企業が有する投資予算や人的なリソースなどの制約条件がある。

　また、情報システムだけを考えるのではなく、事業・組織・体制の改定、ビジネスプロセスの改定、データ整備が追いついていく必要がある。何より、すべてを達成させるためには長い期間を要するため、途中での環境変化に対し軌道修正が難しくなる。

　そのため、一気に進めるだけでなく、企業文化や従業員の意識改革・リスキリングなどの組織ケイパビリティーの充足を含めた中間目標地点を定めて、段階的な移行ロードマップを描くことが重要となる。

　この ToBe に向けた移行ロードマップにおいては、経過目標として「Next」の地点を設定する。例えば、フォアキャスト思考で検討した初めの一歩、続いてレガシーシステムの撤廃となるモダナイゼーションを「Next」ステップとして実行計画を立てることが現実解となる。

　また、金融業などの社会的に重要な基幹システムにおいては、まず単純にクラウドシステムに現有のアプリケーション資産を移行させるクラウドリフトにより、安全確実なクラウド運用を「Next」ステップで実行。次のステップで魅力ある金融商品力を高められるクラウドネイティブなアプリケーション構造に最適化（サービス化、コンテナ化）していくことで、最終的な ToBe のゴールへと段階的な移行ロードマップを描くこともあるだろう。

❸ 重点的に検討しておくべき情報システムの将来像

　情報システムのモダナイゼーションにおけるグランドデザインの策定にお

いて検討しておきたい重点事項について述べておきたい。初めは情報システムの将来像の検討であり、DX に向けた基盤整備としてどのような要素を高めていくかを決めていく。この要素には経済産業省の DX 推進指標とガイダンスによれば3点が挙げられており、検討上の参考になる。

① データを使いたい形で使えるようにするデータ利活用
② 環境変化に迅速に対応できるデリバリースピードの向上
③ 部門を超え、さらにはバリューチェーン全体にわたって顧客価値を創造できる、全体最適かつエコシステムなデータ共有・連携

経営者は情報システムが自社の経営にどう貢献していくべきかをしっかりと捉えていきたい。つまり、今回のグランドデザインが実現したあかつきには、情報システムの刷新が、経営における企業価値向上にどのようにつながるかリアリティーをもって認識していくのである。

この点においては、難しい技術事項ではなく、ビジネスプロセスの改善やビジネスモデルの発展に、情報の鮮度・伝達スピード・業務活用がどのように貢献していくのかを顧客を起点にして考えていくことで判断できる。そして、情報システムの刷新を経営ビジョンや経営戦略に関連付けて、経営者の思いを言葉として語れるようにしていこう。

図表4-2 DX実現に求められるITシステムの要素

DXに向けた強化ポイント	経営者が重視する視点
データ利活用	DXを推進するうえで、そもそもどんなデータを持っているのか、リアルタイムで使いたいデータは何かを認識する。実際にそれが使えているかが重要であり、情報システムがこれを実現できるか
スピードアジリティー	既存の情報システムの運用を前提にすると、新規サービスのリリース頻度などを加速できなくなる。環境変化のスピードに迅速に対応できるよう、システム改修等のデリバリー・スピードが確保できるか
全体最適化	ディスラプターが顧客視点のビジネスモデルで攻めてきており、それに対抗するため自社内外のバリューチェーン全体での組み換えなどにより価値を創出できるか

出所:IPA「DX推進指標」

この DX に向けた強化ポイントは、AsIs と ToBe のギャップに対して、

企業の現実的な投資可能計画や組織が保有するケイパビリティーの充足度合いに併せて、システムのどの部分からどのような対策を段階的に対処していくべきか、Next（経過目標地点）や ToBe（最終目標地点）へのスケジュールを表した移行ロードマップを策定すべきである。

　メインフレームや UNIX などのレガシーシステムが存在する場合、DX の阻害要因を早期に解決するためにも、移行ロードマップの初期段階でレガシーシステムを撤廃させるマイルストーンを Next として設けて、取り組むことを検討したい。特に大規模な情報システムであればモダナイゼーションに長期間を要する点や、システムを熟知する有識者の在籍可能な年数などを考慮する必要がある。

4 モダナイゼーションの方針についてアウトラインを決めておく

　企業におけるすべての情報システムの全体最適化および DX に向けたマイルストーンとなる移行ロードマップが策定できたら、個々の情報システムにおけるモダナイゼーションの対応方針を要件定義に入る前に整理していく。整理する項目は 3 点あり、①資産最適化方針、②再構築方針、③ IT アーキテクチャーデザイン方針である。

図表4-3 グランドデザインにおけるシステム計画の全体像

システムの将来像の検討	**DXに向けた重要ポイント**（データ利活用、スピードアジリティー、全体最適化など）
	移行ロードマップ策定
モダナイゼーション方針	**資産最適化方針** ▶必要資産の見極め検討（対象資産削減によるスリム化） ▶類似機能の共通化や統廃合の検討
	再構築方針 ▶リビルドするもの、リホスト／リライトするもの、SaaSサービス／パッケージ適用するものを色分け ▶モダナイゼーション方式検討
	ITアーキテクチャーデザイン方針 ▶システム機能分割検討 ▶クラウド／オンプレミス適用方針検討 ▶サイジング素案作成
	PoC：概念検証 ▶フィージビリティー検証

第
4
章
あるべき姿を目指しグランドデザインを描く

　資産最適化方針の策定においては、モダナイゼーションで現状の情報システムから移行対象とする必要なアプリケーションやデータの資産を見極めていく。業務・資産可視化の分析結果をインプットとして進めるが、一般的に3割程度の不要なアプリケーション資産の取り扱いをこの段階で判断し、スリム化につなげていく。また、類似性の高いアプリケーション資産は、モダナイゼーション作業を通じて共通化するか否かの検討を行う。

　再構築方針の策定においては、個々の情報システムの単位、あるいは、大規模な情報システムの場合は業務単位に区分されるサブシステムの単位での再構築の手法を選定していく。

　既存のアプリケーション資産を活用せずにリビルドするのか。アプリケーション資産を活かす前提でリホストやリライトを行うのか。あるいは思い切って、自社の業務を世の中のベストプラクティスに合わせるために、インターネット経由で提供される SaaS サービスやパッケージ製品に Fit to Standard（業務内容を標準機能に合わせる）でシステムを置き換えていくのか。モダナイゼーションの実行時における具体的なモダナイゼーションでの対応方針（どのようなツールやサービスを活用するか、自社での内製化か、IT ベンダーに協力を要請するか、など）についても定めていく。

　IT アーキテクチャーデザイン方針の策定においては、全体最適の観点から情報システムをどのような機能単位に分割していくかを検討していく。事業成長を通じて個別最適に整備されてきた数多くの情報システムを統廃合していくわけである。この検討により、組織内外でのデータ共有の促進や、サプライチェーン全体における顧客価値創造が大きく影響を受けることから、熟慮を重ねて慎重な討議やレビューを行っていく。そして情報システムの機能分割が浮き彫りになれば、それを実装配備する形態として、クラウドシステムなのか、オンプレミスなのかについても方針を決定し、どの程度の規模のコンピューター容量やパワーが必要になるかを積算するサイジングの素案作成へとつなげていく。

　情報システムは持続可能な経営を常にサポートする存在であり、継続的にランニングコストが発生する。このランニングコストを試算するためにも、

このタイミングでのサイジング素案作成は欠かせない。システムの構想はとても素晴らしいが、ランニングコストが企業財務面から身の丈に合わず、経営の足かせになるようなら、実現可能性が低いグランドデザインと言わざるを得ないためである。その判断基準を得るためにサイジング素案作成を実施すべきである。

これら3点の検討が出そろったら、グランドデザインで定めたビジネス革新や高度なモダナイゼーションが本当に有効なのか、実行可能性があるかを評価し、加えて経営にインパクトを与え得る潜在的なリスクがないかどうかを確認するフィージビリティー検証を行っていく。

机上での議論だけでは検証が難しいものは、PoC（Proof of Concept：概念実証）として、小規模な試行や実装により短期間でコストを抑えたパイロット実検証が有効である。この過程を踏むことで、効果の見える化や数字的根拠を積み上げることで、経営への説明が可能となり、経営者によるグランドデザインの最終的な意思決定を支援できる。

なお、PoC を何度も繰り返し、時間とコストを浪費し、意思決定につながらない「PoC 疲れ」に陥らないよう、PoC でどこまで、何をターゲットに検証していくのかをあらかじめ明確にして着手していこう。

2 モダナイゼーションへの思いのベースを構築する

■1 達成すべきプリンシプルを定め迷ったら立ち戻る

　ここからは、モダナイゼーションへの思いのベースを構築するために、EA（エンタープライズアーキテクチャー）手法を用いたグランドデザインの進め方を紹介する。詳細なエンタープライズアーキテクチャー方法論やフレームワークは、コラムに掲載する国際標準化団体「The Open Group」が提供する「The TOGAF standard」を参照いただきたい。

　初めに、グランドデザインを検討するとき、組織内で順守すべき大前提であり原理・原則となるプリンシプルを定めることが重要だ。正しく検討が進んでいるかどうかの羅針盤とし、迷ったら立ち戻る地点とする。プリンシプルはグランドデザインにおける憲法のような存在であり、その表現内容は、「誰もがすぐに理解できる」「意思決定を支援できる具体性」「あらゆる状況をカバーしている」「永続体ではあるが変化も受け入れられる安定性」が含まれることが望ましい。

　こう書くと「すごく難しいものである」と思われる方も多いが、企業には通常、企業理念、経営ビジョン、行動指針、中期経営計画があるので、これらをベースにすることが多い。

　また、プリンシプルを具体化し、業務視点、データ視点、アプリケーション視点、技術視点の4つのプリンシプルに分解する場合もある。これらは、企業における各事業責任者の方針、CDO（最高データ責任者）の方針、CIO（最高情報責任者）の方針、CTO（最高技術責任者）の方針と捉えると理解しやすい。

　プリンシプルの標準フォーマットは、名前、ステートメント（声明）、根拠、インプリケーション（含意）に分けて、次ページの図表4-4の要領で表記される。

名前(Name)	本質を表す名前 ▶簡単に覚えられるものにする	▶固有の技術について言及しない ▶あいまいな言葉を避ける
ステートメント (Statement)	簡潔かつ明瞭な説明 ▶明瞭であることは極めて重要	
(理論的)根拠 (Rationale)	プリンシプルを守ることの意義 ▶ビジネスの言葉で説明 ▶ほかのプリンシプルとの関係について説明 ▶プリンシプル間の優先順位、重み付けについて説明	
インプリケーション (含意) (Implications)	詳しい説明 ▶ビジネスとIT双方に対する要求について強調 ▶ビジネスへの影響とプリンシプルを採用する結果を明言(Implications) ▶読者が「これはどのように私に影響するか?」への回答を瞬時に判断できるようにする ▶長所を単純化しすぎず、平凡化せず、不用意に判断しないことが重要	

出所:The Open Group「The TOGAF Standard version 9.2」

　例えば、データ視点のプリンシプルについて表現してみよう。名前は「全社でのデータ利活用」とする。ステートメントは「データは組織にとって最大の価値である。データを徹底的に分析して、顧客価値の最大化を図る」とする。根拠は「小売業の自社では顧客取引の結果であるデータは組織にとって最大の資産である。データは販売現場を示す高いリアリティーを持ち、計測可能で予測にも利用できる価値がある。データは小売業態においてリアルタイムな意思決定を支援するため、データの即時性と正確性が求められる」となる。

　最後のインプリケーションでは「データは、厳格なセキュリティーに守られた状態で蓄積され、適切な権限を持った従業員へタイムリーに共有。過去分を含め柔軟なビッグデータ分析を可能とする」といった記載ができる。原理・原則かつ簡潔明瞭なプリンシプルであり、経営者やビジネスの現場からも理解され、支持が得られる表現を使うのがポイントだ。

❷ ステークホルダーの関心事や目的をビジョンで共感する

　プリンシプルが決まり、検討メンバー全員で合意できたら、抽象的で概念的なプリンシプルを具体化して、ビジョンに落とし込んでいく。ビジョンというと、経営者が描く経営ビジョンを想像する人も多いと思うが、グランドデザインを描くためには経営ビジョン以外のビジョンも必要である。

　例えば「クラウドファーストで考える」というビジョンは立派なビジョンであり、情報システムのソリューション選定で迷ったときの判断基準になる。EA手法では、これらのアーキテクチャーを決定していくうえで判断の指針となるものをアーキテクチャービジョンという。

　アーキテクチャービジョンは、ビジネスとITの両面から、成し遂げたい方針をハイレベルな表現で記載する。アーキテクチャービジョンを定義し、DXやモダナイゼーションをどちらの方向に進めていくかを簡潔に表現することで、経営者をはじめとする意思決定者の瞬時な理解を得るとともに、関係者間でのコンセンサスを得やすくなる。DXやモダナイゼーションは、企業や変革の大きさにもよるが、短くても3か月、長ければ5〜10年を要し、多くの人の参画と多額な費用を必要とする巨大なプログラムとなるため、最初の方向性の認識合わせが重要である。

　また、モダナイゼーションを推進し、ビジネスイノベーションを確実に達成するためには、現状のビジネス活動と並走させながら、めげない強い意志と覚悟をもって活動を進めていく必要がある。そのために、組織全体からの共感を得られている安心感と推進エンジンとして、アーキテクチャービジョンを機能させていく必要がある。

　アーキテクチャービジョンの策定に当たり、主要な関係者の関心事や目的を特定しておくことで、ビジネス要件を達成するためのモチベーションと位置付けていく。

❸ ターゲットとするビジネスシナリオ、バリュー、KPIを定める

　企業変革・事業変革を実現するための重要なビジネス要件を表現したもの

がビジネスシナリオである。当然、企業や事業を変革するには複数のビジネスシナリオを検討する必要がある。ビジネスシナリオには、業務プロセス、業務を遂行する人、そして人をサポートするIT（アプリ、データ、テクノロジー）との関係性が含まれる。

　このビジネスシナリオの範囲や変革の大きさにより、グランドデザイン検討チームに参画してもらう関係者（業務部門、コーポレート部門）や、モダナイゼーション実行に協力するITベンダーの範囲が変わってくる。

　そのため、ビジネスシナリオの表記においてはSMART、つまり、Specific＝ビジネスで行うべきことが具体的であるか。Measurable＝成功を推し量る基準が測定可能であるか。Actionable＝実行可能なプランになっているか。Realistic＝時間・コスト・技術などの制約条件をもって実現可能であるか。Time-bound＝期限が明確であるか、の要件を満たせていることに留意すべきである。

■図表4-5　モダナイゼーション成功への思いのベースを構築

ガバナンスモデルの確立	▶グランドデザインを検討するエンタープライズの範囲 ▶エンタープライズ内のステークホルダーと主要課題や関心事 ▶経営者が考えるビジネスの方向性、命題、戦略、ゴール、ドライバー ▶現状のイノベーション推進や組織運営を支援するチームや取り組み ▶業務遂行能力やスキルの向上への組織的な取り組み ▶エンタープライズの状態やメンバーに見える運営実態
プリンシプルの策定	▶ビジネスプリンシプル　　▶データプリンシプル ▶アプリケーションプリンシプル　　▶テクノロジープリンシプル
アーキテクチャービジョンの共有	▶ステークホルダーの関心事や目的　　▶組織のビジネスゴール
ターゲットの設定	▶ビジネスシナリオ　　▶バリュープロポーション　　▶KPI

出所:The Open Group「The TOGAF Standard version 9.2」

　また、ビジネスシナリオの検討においては、顧客や従業員への提供価値であるバリュープロポジションの検討が重要である。競合他社に勝るバリュー（価値）を顧客へ提供していかないと企業の成長はないし、従業員へのバリ

ュー（価値）の提供がなければ、企業の存続が成り立たない。

　例えば、受注から納品までのリードタイムの圧倒的な短縮、個別オーダーに対する柔軟な対応、高品質で高機能なサービスの提供といったバリュー、最高の技術力を持ち自らの価値を高められる職場環境というバリューなどもあるだろう。ゴールとなるバリューが明らかになれば、これを定量的な尺度であるKGI（Key Goal Indicator）と目標値・目標時期として定める。

　また、バリューを生み出すための仕組みであるアーキテクチャーと移行ロードマップについて、EA手法を用いて設計していく。アーキテクチャーの具体的な設計手法は、次の節を参照いただきたい。設計したアーキテクチャーを移行ロードマップに従って段階的に実現していく中で、進捗や途中段階で発揮するパフォーマンスをKPI（Key Performance Indicator）として設定する。

4 グランドデザイン実現のためのケイパビリティー

　ここからは、グランドデザインを実現していくためのケイパビリティーとガバナンスモデルについて、特に経営者に意識していただく重要な点を説明していきたい。

　初めに、ケイパビリティーという用語は日本では馴染みが薄い用語だと思うが、企業や組織が持つ「能力」や「強み」のことである。例えば、日本の顧客向けに営業活動を行っている組織があった場合、グローバルの顧客に対して営業活動を行っていくためには、英語やグローバルマインドに関するケイパビリティーを獲得する必要がある。このケイパビリティー獲得のために「現在の要員の教育を行う」「海外の販社と協業する」などの、施策が必要となる。

　このような企業や組織のケイパビリティーを意識してグランドデザインの活動を開始することが必要である。なぜならば、DXは顧客や従業員へより高いバリューを提供するための変革であり、情報システムも刷新し、その情報システムを使いこなしていく、企業そのもののケイパビリティーを向上させていく活動だからだ。

単に、情報システムのプラットフォームをメインフレームからクラウドに乗せ換えていくというモダナイゼーション事例においてもコスト的な効果はあるだろう。しかし、安全確実に現場や顧客に混乱を与えずシステム移行を遂行するとともに、それと並行してデータ利活用によるマネジメント変革を起こしていくためには、データ活用マインドの醸成やデータアナリスト人材の育成など、企業・組織のケイパビリティーを段階的に高めていく取り組みが必要である。

　企業や組織のケイパビリティーを高める進め方としては、見えにくい組織能力を言語化や区分けにより可視化を行い、現在のケイパビリティーの状態や成熟度合いを AsIs として整理することが、初めの一歩である。次に、ケイパビリティーを向上させる方向性を見定めたうえで、将来保有すべきケイパビリティーへと段階的に昇華させていく施策と、移行ロードマップが必要である。このケイパビリティーを高めていく活動を設計することも EA の一部である。ここで重要なのが「エンタープライズの範囲」、つまりスコープを決めることだ。スコープの決め方によって、顧客やサプライチェーン関係者を含めた多くの利益を得るステークホルダーが変わってくる。

　そして、グランドデザインを間違いなく策定していくためには、検討する当事者同士で対象となる「エンタープライズ」におけるビジネス上の背景や成功の意味合いについて、正しく理解されている必要がある。

3 エンタープライズアーキテクチャーで全体最適を図る

1 ビジネス構成要素を意識して価値を生み出す仕組みを考え抜く

ここからは EA における BA（ビジネスアーキテクチャー）、DA（データアーキテクチャー）、AA（アプリケーションアーキテクチャー）、TA（テクニカルアーキテクチャー）の順に、どのような点に留意してアーキテクチャーを検討していくかを中心に概要を解説していきたい。

BA は、ビジネスプリンシプルやビジネスビジョンの実現に向けて、事業構造、組織構造、組織ケイパビリティー、業務プロセスなどのビジネス構成要素をどのように構成するかを設計するものである。

BA の作成方法は次のとおり。最初に現状のモダナイゼーションを実施する前の AsIs の BA を可視化する。続いて、ビジネスビジョンを達成するために、どのように改善するか改革するかを十分に検討する。そのうえで ToBe の BA を設計する。一方で、ToBe の BA を先に描き、AsIs の BA をその後に可視化する進め方もある。大規模な改革が必要な場合は、ToBe を先に描くアプローチを取る。

AsIs と ToBe の BA がそろったら、AsIs と ToBe の差分（ギャップ）を評価することにより、現段階では持ち得ていないケイパビリティー、新たな顧客価値創出につながるバリューストリーム、IT がさらに貢献できる領域、変革後の組織構造を明らかにしていくのである。

BA を検討するうえでの留意事項は、経営者を含む関係者の関心事を包含していることである。そして、この段階で費用対効果を推定できるようにし、計画を推進すべきかの経営的な意思決定に役立つ内容にする必要がある。

BA の記載内容は、関係者の後続作業への建設的な支援を取り付けるうえで非常に重要である。グランドデザインの検討に参画する社内現場部門のメンバーや、その後のモダナイゼーション実行時に参画する IT ベンダーに、経営課題や目指すべき方向性を十分に伝えきれるか否かは、BA の出来に左

右されると言っても過言ではない。

　BA の検討や表記においては、EA のためのモデリング手法である ArchiMate の利用が望ましい。着目すべき特徴や、共通的な性質を抽出して、細部を簡略化した抽象的なモデル定義（構造、構成要素、関係性、データ、数式、条件などで図式化やマトリクス化）を行うことである。これにより、複雑なビジネスの営みを可視化し、できるだけ本質的な点に力点をおいて改善や改革のポイントを見出すわけである。

　TOGAF では、様々なモデル化の切り口と、ベストプラクティスに基づくリファレンスモデルがあらかじめ用意されており、検討を進めるガイドラインを提供している。また、富士通が長年のシステム構築で蓄積してきた、業種ごとのアーキテクチャーを整理した業務リファレンスモデルも役に立つ。

❷ 全社視点のハイレベルなデータの価値と運用方法を検討する

　DA では、経営レベル、全社レベルで管理・活用されるべきデータを定義する。個々に開発される情報システムのデータベース設計を行うことではなく、どのように競争優位性を確保するためにデータの価値を活用すべきか、どのようなデータ管理など運用方法の課題が発生するかを明らかにすることに重点を置く。

　DA を検討していくための留意事項としては、以下の点が挙げられる。

① 全社レベルで管理されるべきマスターデータとその管理システムを明確にする

② 主要なデータの発生から記録、転送、報告、消滅などデータのライフサイクルを明らかにする

③ 経営・事業判断、サービス・製品企画などでデータがどのように利用されているかを理解する

④ SaaS やソリューションの適用を検討している場合、ソリューションが規定するデータモデルを全社レベルで適合させるか（Fit to Standard）の判断、自社独自データとのギャップ分析を行う

⑤ サプライチェーン全体でデータを流通させる場合、業界標準のデータフォ

ーマットや連携技術（ソリューションやプロトコル）の可否を判断する

⑥ 現状データの状態を可視化し、データの変換や初期生成、汚れている場合のクレンジングなどの実施方針を定める

⑦ ビジネスイノベーションに向けてデータをどのように管理して、確実な利活用につなげるための規則・体制・役割などのデータガバナンスの方針を定める

3 アーキテクチャービジョンを実現するアプリケーションを定義

AAでは、BAで整理したビジネスプロセスを支援するためのアプリケーション、DAで整理したデータを収集・獲得するためのアプリケーションを定義する。個々に開発する情報システムのアプリケーション設計を行うことではなく、業務やデータ獲得に必要なざっくりとしたシステム機能を洗い出すとともに、そのシステム機能をどのようにくくって情報システムの単位にするのかを検討する。

ここで検討した情報システムの単位が、後に発行するRFPの単位であり、システム構築プロジェクトの単位となる。このため、この段階で特定のテクノロジーやITベンダーに依存するものではない形で検討は進めるが、既存の情報システムの単位や世の中で一般的に使われているグローバルソリューションの単位などは意識して検討が進められる。

AAを検討していくための留意事項としては、以下の点が挙げられる。

① 詳細レベルのアプリケーションを定義するのではなく、ビジネス活動において重要で、骨太な部分までの検討にとどめる

② 各情報システム内のアプリケーションの検討は要件定義フェーズで行うため、ここでは情報システムの単位を検討するために必要な粒度にとどめる

③ ステークホルダーの関心事や、ビジネスを革新させる要因などに着目してアプリケーションをモデリングする

④ 公開されている業種・業態やデジタル化されたサプライチェーンなどアプリケーションモデルのベストプラクティスについて、再利用可能であるかを初めに検討する

⑤ ビジネスロジックは、プラットフォームやテクノロジーの変化が影響しないように検討する

⑥ 既存の情報システム（レガシーシステム）から引き継がれる領域、新規にシステムを開発する領域、パッケージソフトウェア適用により充足される領域、すでに公開されている SaaS をエコシステムとして利用する領域、などアプリケーションのブロック構成の方針を定める

⑦ 将来の AA が、既存のアーキテクチャーに対して多大なる影響を与え得るか。すでに計画中または進行中のシステム改修などの関連プロジェクトに対して相互に影響を与えるか。影響がある場合はその解決策を検討する

4 ビジネスを支えるために標準的で革新的なテクノロジーを採用

TA では、AA で定義された情報システムをどのような技術で実現していくかを検討する。例えば、サーバー機器、ネットワーク機器、IoT 機器といったハードウェアや、パッケージソリューションやミドルウェアなどのソフトウェア、さらにはアプリケーション実装に必要なフレームワーク、情報システムを開発から運用するための開発ツール、構成管理ツール、運用監視ツールなどの検討であり、市場から調達可能である汎用品や汎用技術をベースに検討していく。この中で、現状のメインフレームを残すかという検討や、クラウドベースのシステムに移行するかといった検討も行われる。

環境変化へ AA や DA が柔軟性と迅速性を持ちながら進化発展を続けていくためには、TA がボトルネックになることを回避したい。そのため、特定の IT ベンダーに依存しない、オープンな仕様で汎用性が高く、相互接続性のある技術標準リファレンスモデル（TRM：Technical Reference Model）に記載された技術項目をテクノロジーコンポーネントに採用していく。

つまり、モダナイゼーションの視点においては、既存のレガシーシステムをクラウドシステムやパッケージソフトウェアに置き換えたりする方針をこの段階で決めていくわけである。

また、過去には夢物語で実現できなかったことが、生成 AI 技術をはじめとする先端テクノロジーの登場により実現し、企業のビジネス変革に貢献す

る機会が生まれてきている。TA がビジネスケイパビリティーを高めるための変革ドライバーとなる検討をこの段階で行っていくべきである。

　さらに、テクノロジー起点で、ビジネスケイパビリティーに貢献できる点は、積極的に TA 側から BA や DA へ提案を行っていくべきである、例えばデータ利活用を行う基盤を事前に構築しておき、各ビジネスドメインでデータ利活用に関するニーズが出たときにリードタイムを短く実装できるようにしたり、生成 AI の全社プラットフォームを設けておき、各現場の生成 AI ニーズに対応していくなどである。

4 グランドデザインによる
モダナイゼーション計画事例

❶ ビジネスを変えない前提でのエンタープライズアーキテクチャー

　ここでは長きにわたりメインフレームを利用して安定したビジネスを継続している企業が、標準的なオープンシステムに移行することで、技術リスクから脱却し、かつ環境変化に追随できる DX 基盤を手に入れることで、サステナブルな経営を目指している事例を紹介したい。

　もともとはメインフレームの撤廃が最優先課題だったが、確実な事業継続性を実現することを目的に、エンタープライズアーキテクチャーを活用したグランドデザイン策定を通じて検討を進めた。

　従前からのビジネス領域は、絶対に止めることが許されない顧客に価値を提供し続けなければならない領域であった。そのため、レガシーシステムからの移行に伴うリスクの軽減を図るために、BA は変えないことを大前提とする移行戦略を取った。

　つまり、DA、AA、TA に絞って AsIs のアーキテクチャーを整理し、メインフレーム撤廃後の ToBe のアーキテクチャーを慎重に検討するという手法である。BA の視点における業務特性や求められるサービスレベルに影響を与えないように、採用する新技術の比較、机上での検証、実機での検証を 2 年にわたり実施し、課題の早期抽出と解決策の検討を図った。

　ミッションクリティカルなシステムとしての高信頼性を実現しながら、ビジネス要件、ユーザーニーズの変化に、俊敏に対応可能なアーキテクチャーのグランドデザインとして高く評価されている。

❷ トランジションアーキテクチャーで大革新へのリスクヘッジ

　BA で革新的で野心的なあるべき姿を追求した場合は、AsIs アーキテクチャーと ToBe アーキテクチャーとの間でのギャップが大きくなる場合がある。実際の移行プロジェクトの編成において、現行の情報システムからの移

行リスクが内在している状態で始まることもあり、技術面や体制面のリスク
が顕在化したときには、想定していなかったコスト増加やスケジュール延伸
に陥ることがある。情報システムへの整備を行う場合は注意が必要だ。

　このため、現状の AsIs から一気に ToBe アーキテクチャーに移行するの
ではなく、リスクやリソース要求への緩和策を実行したり、段階的に革新的
な技術を取り込みケイパビリティーを高めたりするなどの対策、途中段階で
成果を確認するトランジションアーキテクチャーを AsIs からの Next ステ
ップと定めて実施することが有効となる。

図表4-6 エンタープライズアーキテクチャーの移行ロードマップ

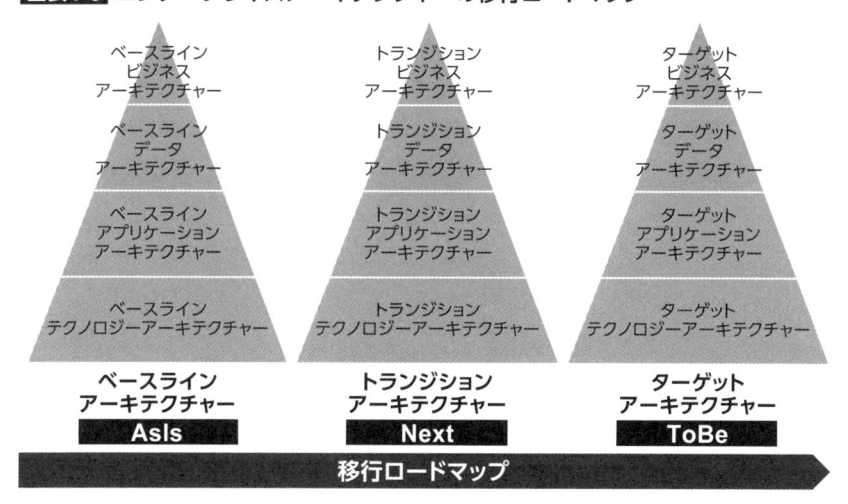

出所:The Open Group「The TOGAF Standard version 9.2」

Column

TOGAF はエンタープライズアーキテクチャーの世界標準

　本書におけるグランドデザインの検討は、国際標準化団体「The Open Group」におけるエンタープライズアーキテクチャー（EA：Enterprise Architecture）の方法論とフレームワークである「The TOGAF Standard」を用いている。

　TOGAF は The Open Group Architecture Framework の略であり、ビジネス目標とステークホルダーの関心事に基づき、組織に持つケイパビリティーを高めるべく、目指すべき姿としてビジネスゴール、ビジネスプリンシプル、ビジネスドライバーなどを定め、アーキテクチャーを制定していく。

図表4-7 **TOGAFのADFのイメージ図**

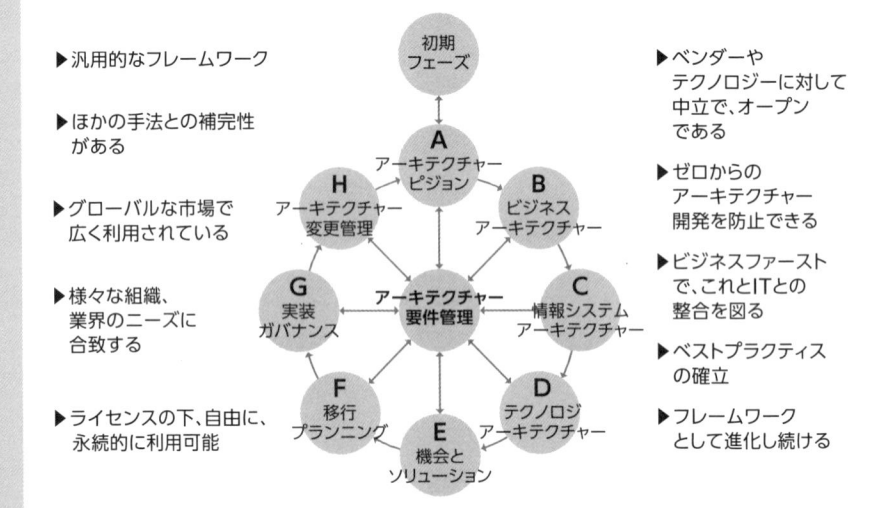

出所:The Open Group「The TOGAF Standard version 9.2」

　アーキテクチャーは4つのアーキテクチャードメインである、ビジネスアーキテクチャー（BA）、データアーキテクチャー（DA）、アプリケーションアーキテクチャー（AA）、テクニカルアーキテクチャー（TA）にて構成され、これらはビジネスに直結しており、相互に整合的な関係を持つものである。そして、4つのアーキテクチャードメインはビジネスの状況に応じて進化さ

せていく必要がある。現状のビジネスプロセスや情報システムからベースライン アーキテクチャーとして整理し、あるべき姿を描いたターゲットアーキテクチャーを検討して、このアーキテクチャー間のギャップを段階的かつ確実に解決していくための移行ロードマップを策定するのである。

　TOGAF には、ビジネスの変革と実装プロジェクトを形成してアーキテクチャーを開発していくための段階的で反復的なアプローチを示したアーキテクチャー開発手法（ADF：Architecture Development Method）が中核に置かれている。また、ADF で活用するベストプラクティス、リファレンス、テクニックなどのツールやフレームワークから構成されている。

　なお、富士通は The Open Group の日本ベンダー唯一のプラチナムスポンサーになっており、2024 年 4 月時点でグローバルで約 1000 人（うち日本で約 700 人）の TOGAF の認定アーキテクトが在籍している。また、富士通自身の DX（FUJITRA）にも TOGAF を活用したり、顧客向けのモダナイゼーション＆ EA プロジェクトでも TOGAF を活用した実績が多数ある。

第 5 章

メインフレームで稼働している
情報システム移行の勘所

レガシーシステムの代名詞ともいえるメイン
フレーム。メインフレームが生まれた創成期か
ら70年間の歴史を通じ、その時々のビジネス
を支え、進化発展してきた技術的なバックボ
ーンが存在している。もちろん、インターネッ
トの発展や電子化によるペーパーレスの進展
により、今となっては古い技術となっているた
めメインフレームの撤廃とともに見直さなけ
ればならない技術要素も多分にある。モダナ
イゼーションを推進していくために考えなけ
ればならない最初の砦だ。

そこで本章では、メインフレームで情報システ
ムを構築してきたときの姿を紐解きながら、特
にビジネスを遂行するための「機能要件」を形
成するアプリケーションそのものではなく、こ
のアプリケーションの稼働をサポートするイン
フラストラクチャーとしての「非機能要件」に
着目し、その置き換えに要する留意事項や技
術的なマネジメントポイントなどを解説してい
きたい。

1 メインフレームにおける
システム開発の基本

1 個別最適化が生じるメインフレームにおけるシステム開発

　ここでは、モダナイゼーションの実施においてメインフレームで構築された情報システムを移行するための勘所について確認していく。メインフレームは、現在においても企業における基幹業務システムの中核で稼働しており、金融システムなどの重要なシステムでも活躍している。

　その背景には何十億件もの商取引や計算をリアルタイムで処理する高い処理能力が挙げられる。また、24時間365日稼働し続けられるよう障害に備えて予備のシステムや設備を準備しておく冗長化やエラー検出機構などを盛り込んだアーキテクチャーの採用により、高い信頼性を実現していることも理由の1つだ。加えて、機密性の高いデータを取り扱うために、厳格な認証機能やデータへのアクセス制御、データ自身の暗号化など高い安全性も保たれており、企業側も問題なく稼働しているのであれば使い続けたくなるのもうなずける。

　このメインフレームが登場した黎明期は、当時としては最高の集積回路技術が用いられて開発されたが、現在に比べて演算速度や記憶容量がかなり低く、しかも高価であった。そのため、何キロバイトとか、何メガバイトとかいうメモリーサイズの制約条件の中で、様々な工夫によりシステムを稼働させるアーキテクチャーが設計思想の根底にあった。

　高価なCPUやメモリー資源を非常に短い時間で時分割し、アプリケーションの優先度に合わせて最適に割り当てる技術や、超高速なメモリーを利用者全員で使えるように磁気ディスクを含めて仮想的に大きなメモリー空間を割り当てる技術などである。そのため必然的に、アプリケーションも省資源でかつ効率的にビジネスロジックを動作させることに重きを置いた設計や開発になっていた。

　当初のメインフレームは、まとまったデータを一括で処理を行い、必要に

応じて大量の帳票出力を行うバッチ処理を中心に、インフラストラクチャーの環境が整備されてきた。その後、銀行口座に関する窓口でのサービスを遂行する銀行の勘定系システムや、鉄道や飛行機などの座席予約システムなど、メインフレームにリアルタイムで処理依頼を行うオンライン処理での利用が中心となった。高い信頼性と即時応答性を可能とするトランザクション制御機構がデータベース機構とともに発展してきたわけである。

図表5-1 **メインフレームにおけるコンポーネントの俯瞰図**

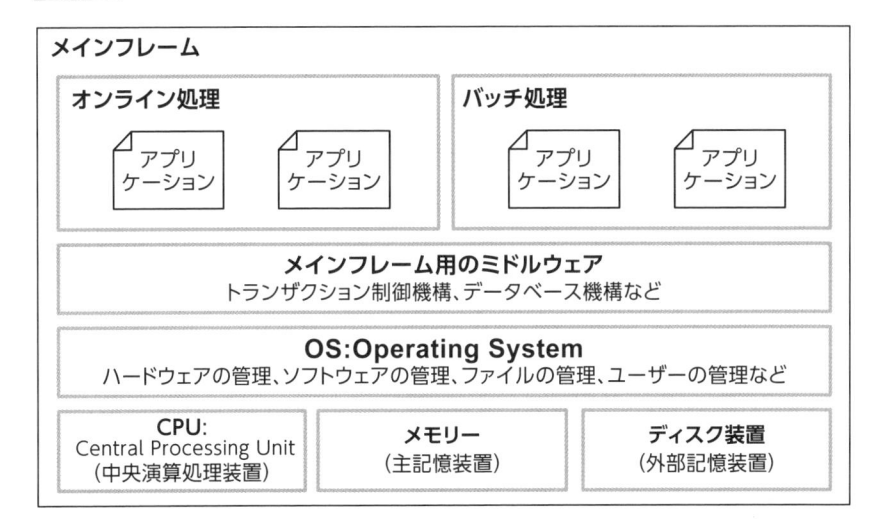

　メインフレームのハードウェアや OS を提供してきた IT ベンダーが、バッチ処理やオンライン処理を稼働させる機構を、OS とアプリケーションの間に位置するミドルウェアとして提供してきた。そのため、メインフレームを提供する IT ベンダーごとに独自の OS やミドルウェアの技術仕様が発生、同じ技術概念でも異なる呼称があったり、COBOL 言語でアプリケーションを構築する際に、ミドルウェアの機能に依存したプログラム記述へと対応しなければならなかった。

　言い換えれば、メインフレームそのものが個別最適化されているために、その上で稼働するビジネスを遂行するためのアプリケーションやデータが個別最適化された。結果として同じ IT ベンダー内のメインフレーム上では

100% に近い完全互換性が保たれており、業務資産の移行が楽であった。

　一方で、異なるベンダーのメインフレームへの移行や、オープンシステムへのモダナイゼーションでは、個別最適化された主に非機能要件に関わる部分を、いかに移行できるかが障壁であり成功の鍵となる。

2 創意工夫による個別最適で実現してきたビジネス要件

　メインフレームは、「汎用機」と呼ばれることもある。集積回路技術の向上により処理能力の高い CPU やメモリーを搭載できるようになり、1台のメインフレームが様々な汎用的なビジネス領域で使われるようになったからだ。金融、流通、製造、公共、科学技術、教育などの様々な分野である。

　それぞれのビジネス分野で、独特なアプリケーションの処理特性に応じて、メインフレームの OS やミドルウェアの上に、アプリケーションが共通的に行う特殊な制御方式を、企業独自に設計・開発しているケースがある。この「特殊な制御方式」の例は、銀行システムであれば、預金者が利用する ATM 装置のオンライン通信制御や、他行にある預金を引き出す際に銀行間ネットワークで使用する通信プロトコルなどの制御方式が挙げられる。

図表5-2 アセンブラ言語などで記述される制御方式プログラム

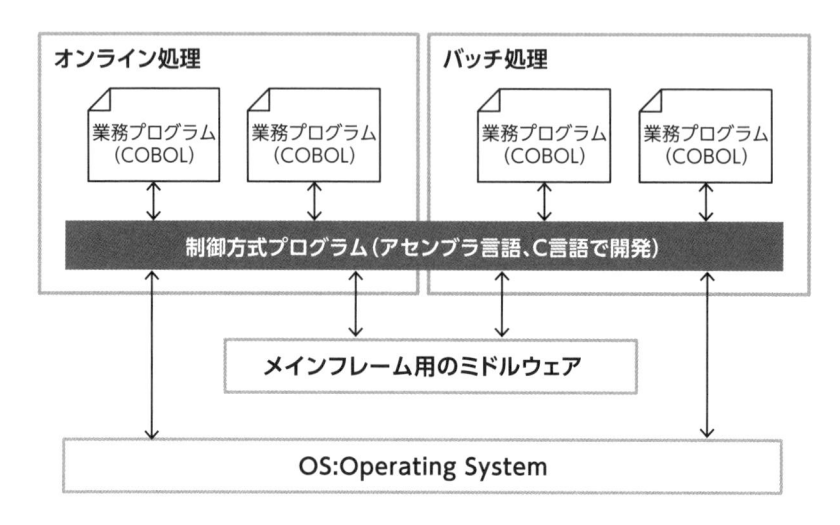

これらのメインフレームにおける制御方式は、できるだけ高速に処理したり、OS やミドルウェアの特殊な機能を利用するため、アセンブラ言語やC言語など制御系の開発に向いたプログラム言語で開発されている。アセンブラ言語やC言語の技術者は不足しているため、ブラックボックス化かつ個別最適化されたメインフレームの移行元システムの解明や移行設計において足かせとなっている。

　ここで重要になってくるのは、第2章の業務・資産可視化で述べた、現行メインフレーム利用機能の可視化である。時には、「リバースエンジニアリング」作業が必要なケースもある。より高度な作り込みがなされたアプリケーション制御方式を解明するため、現行システムに関するドキュメントやソースコードを読み解き、どのような制御方式が行われているかを再整理して、不足するドキュメントを補うのである。

　メインフレームからのモダナイゼーションでは、まず現在行われているビジネス要件が、どんな IT ベンダー独自の製品技術と企業独自で作り込まれた制御方式で成り立っているかを明確にすること。それを踏まえて、移行先となるオープンシステムやクラウドシステムで、どのように置き換えていくか、移行方針を計画する。個々のアプリケーションやデータの業務資産を漏れなく、間違えずに移植していく方法に関しての検討はその後だ。

　メインフレームでは特定の IT ベンダーに依存した選択肢しかなかったが、移行先のオープンシステムでは様々なプラットフォームやミドルウェア製品の選択肢がある。オープンシステムはインターネットとの接続も容易で、業界標準団体などにより規格化された仕様とインターフェイスを持っているため、企業独自の制御方式を極力排除できる。その結果、アプリケーションのインフラストラクチャー依存度もメインフレームに比べればかなり低くなる。

　一方、選択肢が多いことから、企業側には将来を見据えたプラットフォームやソフトウェア製品の選定能力が求められる。OSS（オープンソースソフトウェア）により様々な新しい技術を使えるようになるが、技術が陳腐化するスピードが速く、セキュリティーホールが発見されるリスクもある。加え

て、ソフトウェア製品や OSS の提供者から一方的にサポートを打ち切られるリスクもある。

　オープンシステムで特定ベンダーのソフトウェア製品を採用する場合は、ベンダーとの使用許諾契約を締結するが、契約内容の改定によりライセンス使用料が非常に高額になるケースも出てきている。

図表5-3 専用のメインフレームと組み合わせのオープンシステム

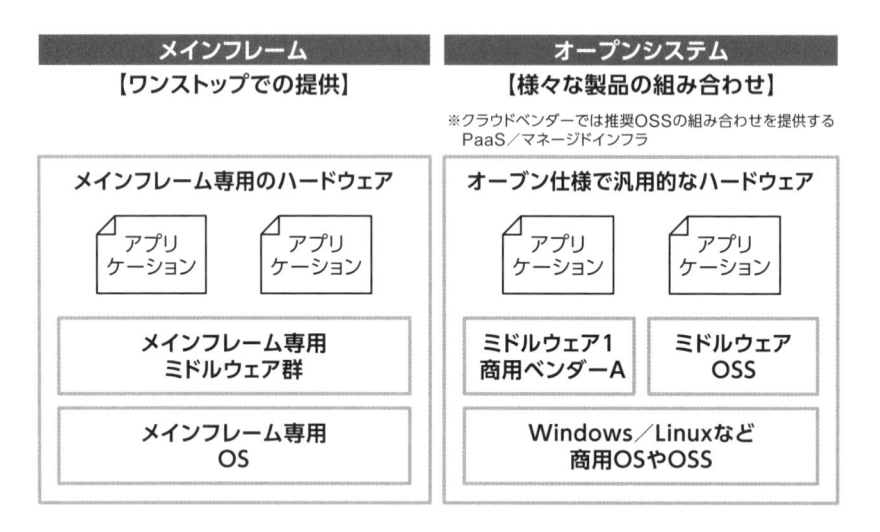

　モダナイゼーション後のオープンシステムは、様々な選択肢があり、新たな技術を取り込む機会も大きくなった。これを適切に見極めて、持続的な経営とビジネス変革に役立てるためには、利用者である企業サイドにおけるIT マネジメントへの責任が増している。

❸ データの正当性と完全性を保証するトランザクション処理

　メインフレームにおいて大量に発生する取引データを確実に記録し、データの正当性と完全性を保証していくトランザクション処理（Transaction）が発展してきた。

　トランザクション処理とは、コンピューターシステムにおける「受注処理」「入金処理」などの業務プロセス上において、1つの取引で発生する複数の

アプリケーションやデータ操作を、まとまった不可分の処理単位として厳密に実行・管理する仕組みである。トランザクション処理で重要なことは、「処理単位内のすべてが成功すれば実行結果を確定」し、「処理単位内のどこかで問題が発生したときは失敗として実行結果をすべてキャンセル（なかったことにするため元に戻す）」という点である。トランザクションシステムは、情報システムの信頼性を高めるうえで極めて重要な位置付けである。

モダナイゼーションの移行先となるオープンシステム（クラウドシステムを含む）でも、メインフレームで培われてきたトランザクション処理の考え方が、データベースソフトウェアを中心に踏襲されている。

適切に移行することにより、様々なソフトウェアとの組み合わせや、動作設定の内容、システム異常発生時の振る舞いなども、移行元のメインフレームと同等レベルでのトランザクション処理が可能になる。

ここでトランザクションの原則について、理解を深めるために、「商品の受注処理」でのトランザクションを例に考えてみよう。

受注処理のトランザクション内での動きと更新データを分解すると、注文の受付（受注明細データの新規登録）、在庫の引き当て（当該商品の在庫データより注文個数を差し引く更新）、売上の計上（売上データへの計上更新）の３つに分けられる。

一連の処理を行っている最中に、コンピューターシステムの障害が発生して処理が中断した場合は、データ間で矛盾が発生してデータベースの整合性が取れなくなる。そこで、それまでのデータ操作をすべて元に戻すトランザクションキャンセルを行う。これによりデータベースの整合性を確保するわけである。不可分な処理がすべて正常に終われば、すべてのデータ操作を確定させるトランザクションコミットを行い、データの完全性を確保する。

このトランザクション処理には、ACID の頭文字から成る、次ページの図表 5-4 の４つの特性が規格標準化されている。これまで安定稼働していたメインフレームでのトランザクション処理の４つの特性が、移行先のプラットフォームやソフトウェア製品の機能分担、さらにはアプリケーションやデータベースの移行方式に、きっちりと引き継がれているか確認していく。

図表5-4 トランザクション処理の4つの特性（ACID）

特性	トランザクションでの意味
原子性 （Atomicity）	「すべて実行される」か「1つも実行されない」のどちらかの状態になること
一貫性 （Consistency）	実行前と実行後のデータベースの状態に矛盾を発生させないこと
独立性 （Isolation）	同時に複数実行されるトランザクションにて、互いのトランザクションに影響を与えないこと
永続性 （Durability）	トランザクションの正常完了後の処理結果を別に記録することで、その後のハードウェアなどのトラブル発生後も、トランザクションの処理結果をデータベースに永続的に記録保証すること

4 メインフレームで実現されてきた非機能要件を明らかにする

　メインフレームで構築されてきた既存の情報システムには、メインフレームで培われてきた信頼性や運用性を確保する設計思想がある。さらにウォーターフォールによる緻密な開発や、長期間の運用経験を通じて作り込まれてきた細やかな非機能要件の上で、企業の基幹業務が安定稼働していることを念頭に置かなければならない。確実なモダナイゼーションの実施に当たっては、AsIs の現行システムで実現されてきた非機能要件を明らかにして、ToBe の移行先システムでの非機能要件として踏襲すべき要件と見直すべき要件を意識していく必要がある。

　この非機能要件とは、使い勝手や性能、セキュリティーなど、機能以外のシステムの質に関わる部分である。例えば、「利用者の利便性を高めるために24時間365日でシステムを使えるようにする」「インターネットと接続性を確保するため不正侵入やマルウェアなどの脅威に対応するためにセキュリティーを高度化する」「データ利活用を促進するためにビッグデータを保有しつつ性能を確保して利用できるようにする」など、使いやすく安心安全にシステムを運用していくために考えなければならない事柄である。

　これらをおざなりにし、あるべき業務としてのビジネスプロセスを実現するアプリケーションやデータなどの機能要件だけを考えても、結果、十分な

性能が発揮されない。利用者の負担も増えるだけでなく、脆弱なシステムができ上がりかねない。運用に堪えられず生産性が上がらない、最悪はシステムが停止してしまいビジネスを止める事態になると、経営問題に直結する。

図表5-5 機能要件と非機能要件の対比

要件分類	特徴	要件のイメージ例
機能要件	▶業務内容に直結する要件 ▶利用者がイメージしやすい ▶利用者の言葉で語れる	▶どのようなビジネスプロセスを機械化したいか ▶入力や出力はどのようなインターフェイスとするか ▶管理・参照したいデータは何か
非機能要件	▶技術的要素に関する要件 ▶利用者がイメージしにくい ▶具体化や実働が見えないタイミングでは利用者が語れない	▶24時間365日で利用したい ▶障害時は2時間以内に復旧したい ▶利用者の応答レスポンスは3秒以内 ▶フルバックアップは週に1回

　非機能要件として着目すべき技術的項目は多岐にわたり、イメージが湧きにくい。関係者で共通認識を持つ意味で、例えばIPA（独立行政法人情報処理推進機構）が公開する「非機能要件グレード」をリファレンスとして、網羅的に非機能要件の項目を抽出することが肝要である。

　非機能要件グレードでは次ページの図表5-6のとおり6つの非機能要件の項目に分類され、55種の検討観点が挙げられている。抽出された非機能要件の項目に対して、メインフレームで実現されてきたAsIsの要件実現内容と、ToBeとして見直さなければならない要件実現内容をまず整理する。そしてどのようにToBeの非機能要件を実現すべきか、実現に要するコストとのバランスを念頭にしっかりと検討していく必要がある。

　情報システムの問題は経営に直結した課題に発展する可能性が高い。経営者はIT技術がわからないからといって、情報システム部門や担当者任せにするのは危険だ。リスクをヘッジしながら新たな取り組みにリーダーシップを発揮して挑戦していくことこそが攻めのモダナイゼーションと言える。

図表5-6 非機能要件グレード（IPA）をリファレンスとした着目点

非機能要件の項目	要件定義される検討内容
①可用性	システムを継続利用するための要件。運用スケジュールやシステム障害発生時の復旧目標（局所化運用、復旧時間、大規模災害の扱いなど）など
②性能・拡張性	システムの処理性能やキャパ不足時の拡張に関する要件。ピークとなるトランザクション量・データ量、経年での増加率、データ保管期間、レスポンス時間、ＣＰＵ／メモリー／ストレージなどのキャパシティープランなど
③運用・保守性	システムの運用や保守に関する要件。運用時間、データなどのバックアップ範囲や時間、運用監視、保守時の計画、開発環境、外部システム接続、サポート体制、ライフサイクル期間など
④移行性	現行システムからの移行に関する要件。移行スケジュール、移行方式、移行データなど
⑤セキュリティー	システムのセキュリティーに関する要件。守るべきルール、リスク分析や診断のレベル、認証やアクセス制限、データ秘匿性、不正監視、マルウェア対策、ネットワーク防御対策など
⑥環境・エコロジー	システム設置の環境・エコロジーに関する要件。法令・規定・規格の順守、システムの使われ方の特性、設置環境面の条件、環境負荷軽減など

出所:IPA「システム構築の上流工程強化（非機能要件グレード）」を参考

2 メインフレームで実現できていた技術を置き換える発想

1 オンライン機能はデータベース管理システムを中核に検討

　ここからは、メインフレームが有する技術要素をどのように置き換えていくべきかについて、銀行預金や座席予約におけるオンライン機能を例に、検討する観点を解説する。

　富士通のメインフレーム「GS21」にはAIM（エイム）と呼ばれる高度なトランザクション処理を実現するミドルウェア製品が存在する。DC（データコミュニケーション）という利用者からのリアルタイム通信を行う制御基盤と、DB（データベース）というトランザクション処理でデータベースを実現する制御基盤から構成されており、トランザクションの4原則ACIDを実現している。この制御機構の枠組みの中で、ビジネスプロセスを遂行させるアプリケーション実行やデータ管理を行っている。

　オープンシステムにおいては、データベース管理システム（DBMS）のソフトウェアコンポーネントがトランザクション処理を兼ねたデータベースを実現している。例えば、ソフトウェア製品ベンダーが提供する商用のOracle DatabaseやMicrosoft SQL Server、オープンソースソフトウェアのMySQLやPostgreSQLなどが挙げられる。

　それぞれのデータベース管理システムには特徴や適用範囲があるが、共通的な機能として、データの操作（検索・更新・追加・削除など）、データの種類や構造の定義、データへのアクセス制限、データのトランザクション制御、データのバックアップや復元があり、データベースの管理と運用を支援する。

　このデータベース管理システムに加えて、TPモニター（トランザクションプロセッシングモニター）と呼ばれる、オンライン処理を効率よく安全に監視・制御するソフトウェアを用いることで、利用者の操作画面を起点に発生するオンラインのリアルタイムな通信データと、要求されたアプリケーション、データベースの間で不可分な処理単位となるトランザクションとして監視す

る。TP モニターとデータベース管理システムが協調して、トランザクション処理の 4 原則である ACID を実現するわけである。

TP モニターは、データベース管理システムの製品に付属している機能を利用するケースもある。ほかにも、大規模で高信頼性が求められる情報システムのケースや、複数の分散されたデータベース間で整合性を保つケース、さらには利用者のブラウザーから Web アプリケーションの形態で大量のトランザクションを管理するケースなどでは、専用のアプリケーションサーバーソフトウェア製品として TP モニターを配備することがある。

このように、メインフレームで実現されてきたオンライン機能の独自のソフトウェアコンポーネントを、どのような技術標準を用いたデータベース管理システムや TP モニターのソフトウェアコンポーネントに置き換えるのか。商用ソフトウェアやオープンソースソフトウェアの特性や維持コストを踏まえて選定し、非機能要件を満たせるよう置き換えを検討していくことが基本となる。

❷ オンライン機能に作り込まれた非機能要件の置き換えを検討

オンライン機能におけるミドルウェアの基本的な置き換え方針の検討に加え、次の点も考慮しておきたい。前述のとおり、メインフレームでは「特殊な制御方式」というミドルウェアとアプリケーションの中間に位置付けられたプログラムが存在するケースがある。

例えば、歴史の古い情報システムでは、メインフレームのミドルウェアの機能が不足していた部分を制御方式として個別に作り込んでいるケースもあれば、銀行窓口など業務特性に合わせて特別な非機能要件を制御方式で実現しているケースもある。制御方式は処理性能を確保するためにアセンブラ言語などで記載されていることもある。

この制御方式で行われている処理の詳細を解明し、置き換え先のデータベース管理システムや TP モニターの標準機能でどこまで置き換えられるかを見定める必要がある。Java 言語など最新のプログラミング言語を採用する場合は、すでに OSS として標準的な制御方式を実現したアプリケーション

フレームワーク（アプリケーション実行基盤）が自由に使える。Java 言語で
あれば Spring Framework などがあり、こういった標準的なアプリケーシ
ョンフレームワークでも従前の制御方式を実現できる場合がある。それでも
置き換えられない部分に限定して、ToBe の非機能要件や現行のアプリケー
ションの移行性、影響度を加味し、不足部分を新たなアプリケーションフレ
ームワークとして整備するわけである。

　さらに検討すべきことが、端末からの処理要求をアプリケーションに振り
分ける制御、非同期アプリケーション連携、リカバリー処理、死活時間監視
（稼働状況の監視）である。

　端末からの処理要求をアプリケーションに振り分ける制御は、メインフレ
ームでは処理依頼を行う端末を特定し、端末の業務画面からの要求メッセー
ジと、アプリケーションを紐付ける呼び出し名や、受け渡しするデータイン
ターフェイスなどが定義され、データをやり取りする機能が連携している。

　リホストやリライトなどを行う場合、これらの機能は第 6 章で後述する
ツール・サービスベンダーが提供するアプリケーションフレームワークが吸
収している。

　自前でアプリケーションフレームワークを整備していくリビルドなどの場
合は、依頼元となる端末識別と、入出力となる画面定義やデータ項目定義、
そしてサーバー側のアプリケーション名と画面に対応する入出力のデータ項
目定義を相互に紐付けて、連携させる作り込みが必要となる。

　非同期アプリケーション連携は、オンラインのレスポンスを向上させる目
的により、トランザクション内のアプリケーションから、メッセージで非同
期実行の待ち行列にキューイング（順番待ち）させてトランザクションを早
く終わらせる。非同期実行の待ち行列にキューイングされたメッセージは、
バックグラウンドでのトランザクション処理としてアプリケーションが起動
される形態である（次ページ図表 5-7）。

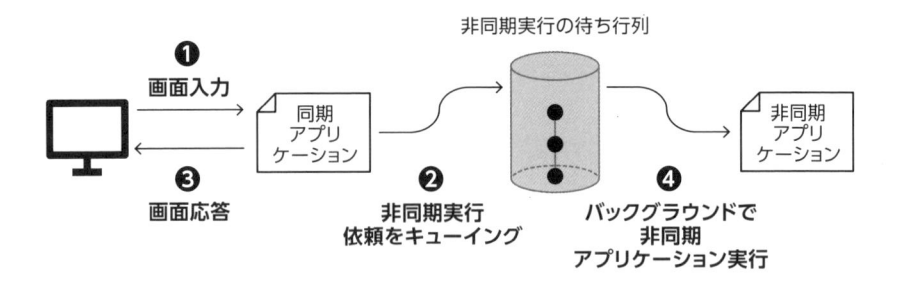

図表5-7 非同期アプリケーション連携の概要図

例えば、処理時間が大きくなる大量のデータ更新を行う処理や、印刷実行を行う処理を、非同期アプリケーションに分離させることで、オンラインの端末への応答速度を速めるというテクニックである。移行先のオープンシステムにおいても、例えばクラウドシステムでは Amazon SQS、Azure Queue Storage などのメッセージのキューイングサービスが提供されている。メインフレームの非同期アプリケーション連携を、キューイングサービスの特性に合わせて置き換えることを検討していく。

最後にリカバリー処理と死活時間監視である。メインフレームでは、様々なシステムのエラー事象を自己検出し、実行中のトランザクション処理で結果が保証されないアプリケーションには、異常通知を行うことで、実行中のトランザクションの扱いをアプリケーションに決めさせたり、自動的にトランザクションキャンセルさせた場合の事後処理をアプリケーションの異常出口ロジックにゆだねるリカバリー処理を行うことができる。

移行先のオープンシステムにおいても TP モニターによる異常処理出口の考え方が採用されており、どのような異常が検出されるかをメインフレームと比較しながら異常検出時の取り扱いを決定し、置き換えていく。

死活時間監視は、一時的な高負荷やアプリケーションの未応答を検出するタイムアウトの監視である。このタイムアウト検出時のシステムの振る舞いをメインフレームと TP モニターで比較したうえで、適切な置き換えを検討していく必要がある。

3 バッチ機能はJCLとユーティリティーの移行方針を検討

　大きなデータをまとめて処理を実行するメインフレーム創成期から使われているバッチ機能の置き換え方法のポイントを紹介しよう。まずメインフレームにおいてバッチ機能をどのように実現しているのか解説する。

　バッチ機能には「ジョブ」として、COBOL などで作成された複数のバッチプログラムを統制しながら動作させていくための JCL（ジョブコントロールランゲージ）と呼ばれるプログラム言語が存在する。簡易な構文でコンピューターへの指示（コマンド）を記載し、ジョブを構成するバッチプログラムの実行単位であるジョブステップを記述していく。

　このジョブステップとは、１つのバッチプログラムを実行させるためのコマンド群を指しており、バッチプログラムが利用するコンピューター資源の定義や動作条件を指定する。JCL で記述する１つのジョブは、１つまたは複数のジョブステップから構成される。複数のジョブステップがある場合は、前のジョブステップが終了しなければ、次のジョブステップは開始されず、ジョブステップの実行条件も指定できるため、条件に応じてジョブステップをスキップさせることも可能である。

　メインフレームからの移行先となる Windows や Linux などのオープンシステムの OS でも、ジョブやジョブステップの考え方は基本的に同じである。そのため、メインフレームに用意されていた JCL の言語を、オープンシステムでは、シェルスクリプトに置き換えていく。

　シェルスクリプトとは、Windows や Linux などの OS に利用者からのアクションを指示するためのコマンド文をひとまとめにして実行依頼する簡易なプログラム言語である。シェルスクリプト言語の種類としては、Windows では DOS シェルや高機能な PowerShell、Linux では OS に標準添付される Bash シェルのほか、各種のオープンソースソフトウェアなどがあり、より高機能なシェルを選択可能である。メインフレームの JCL で定義されたジョブやジョブステップを、オープンシステムのシェルスクリプトに変換を行っていくことで、バッチ機能へ移行していく。

バッチ機能で検討しなければならないのは、メインフレームで利用されていたユーティリティープログラムの置き換えである。ユーティリティープログラムとは、どのような業種・業態でも共通して利用されることを想定し、個別に開発をしなくてすむ OS やミドルウェアに標準装備された主にデータファイルを操作するバッチプログラムのことである。

　例えば、データファイルの並び替えを行うソートユーティリティーや、データファイルを複製・移動するコピーユーティリティー、複数のデータファイルを統合するマージユーティリティー、データベースのデータをデータファイルに条件抽出するアンロードユーティリティーなどである。

　こうしたユーティリティープログラムは、先に挙げた標準的なファイル操作のユーティリティーの場合、オープンシステムに標準装備されたコマンドプログラムが存在するため JCL と併せて置き換えていく。

　ただしメインフレームのミドルウェアや、まれにパッケージ製品が導入されているケースもあり、これらのユーティリティープログラムが使われている場合、すべてのコマンドをオープンシステム側に用意できないこともある。移行先のオープンシステムに合わせてバッチ処理の考え方を再設計、あるいは必要に応じて新たなバッチプログラムを新規に開発することで置き換えを図っていく必要がある。

❹ バッチ機能に作り込まれた非機能要件の置き換えを検討

　バッチ機能に関係する非機能要件としては、可用性としての運用スケジュールと障害発生時の復旧、性能・拡張性での性能確保が重要である。この非機能要件をどのように置き換えるかを解説する。

　どのようなタイミングで、どのような手段を用いてバッチを起動させるのかを決定し、実行することがバッチ処理の運用である。大きく分けて、日次、月次、四半期、年次などの定期性をもって実行する定期起動と、何かの条件が成立したタイミングで実行するトリガー起動がある。

　メインフレームの創成期は、メインフレームを操作する専用のオペレーターが雇用され、スケジュール表や指示書に従って、手作業でバッチを起動さ

せ正常終了の確認を行ってきた。1980年代からはジョブスケジューラーソフトウェアの発展により、きめ細かなジョブスケジュールを設定して、該当するバッチ処理を自動的に起動し、終了監視を行っていく自動運転（オペレーター省力化）の形態に変化して現在に至っている。

このジョブスケジューラーソフトウェアは、オープンシステムにおいてもベンダー製品やオープンソースソフトウェアとして同等機能のものが提供されている。メインフレームのジョブスケジュールを棚卸しして、新しいオープンシステムのジョブスケジューラーの機能特性や設定条件に合わせて、スケジュール移行を行っていく必要がある。

また、バッチ処理は特性に応じて2種類に分類される点についても考慮する。センターバッチと呼ばれるオンラインとデータベースなどが資源競合を行わないように考慮された夜間帯のバッチ起動と、オンラインバッチと呼ばれるオンラインとデータベースなどが資源共有を図りながら並走するバッチ起動である。

特にToBeの情報システムへのモダナイゼーションにおいて、24時間365日のオンライン運用への変更や、オンラインを停止できる時間の短縮化がなされることがある。AsIsでは、従来センターバッチであったバッチ処理が、与えられる時間の削減などによりオンラインバッチ化されることも想定される。このため、オンラインと並走稼働できるよう、CPU・メモリー・データベースなどの資源をオンライン処理と共有利用（オンラインの利用者への応答レスポンスを確保のうえ）するための流量制御や排他制御、オンラインとバッチ資料でのトランザクション管理など、バッチ処理の再設計が必要となることを見逃してはいけない。

バッチ処理の障害発生時の復旧についても、どのように置き換えを図っていくのかを検討すべきである。バッチ処理において、途中でのバッチプログラムの異常終了や、システム障害によりバッチ実行不能に陥った場合、その問題原因を取り除いた後に、停止したバッチ処理の状態確認と再実行の前提条件を整えて、バッチ処理の再実行（リラン）を行うことで復旧を行っていく。

このときに、正常に処理が完了しているジョブステップはスキップして、

中断したジョブステップから再実行されるよう JCL 上のジョブステップの
スキップ条件にリラン運用をあらかじめ組み込んでいるケースがある。こう
した、メインフレームでは当たり前に整備されてきた厳格なリカバリー運用
の非機能要件が、オープンシステムにも同等レベルで置き換えられるかを点
検し、バッチ機能の運用においてレベルダウンを回避する。

3 メインフレームで実現されている動作要件を移行する

■1 メインフレームの帳票出力運用をモダナイズ

メインフレームでは、大量の帳票出力を行うために、CPUからの入出力制御を一手に引き受けるチャネルと呼ばれるコントローラーがある。これを利用して、制御装置経由やLAN経由で接続された大型のラインプリンター、ページプリンターなどへ印刷が行われる。このとき、メインフレームの処理速度とプリンターの印字速度の間には大きな差があることから「スプール」と呼ばれる印刷待ちデータを保管する仕組みがある。

このスプールには、印刷クラスという印刷待ち行列を設定でき、即時印刷、一時保留印刷（オペレーター介入での必要なときに必要な帳票を印刷指示）、印刷をプリンター別に振り分け、などのきめ細やかな帳票運用を可能としている。また、オンライン機能に接続された端末装置のプリンターへは、エミュレーションソフト経由でリアルタイムな逐次印刷を可能にしている。

印刷様式においては、フォームオーバーレイと呼ばれる事前に定義した印刷レイアウトに、業務データの原稿を重ね合わせて印刷することで罫線のある見栄えの良いレポート表現を実現している。

このようなメインフレームでの帳票出力運用については、ToBeとなるオープンシステムでの帳票印刷ソリューションに置き換えていく。富士通のソフトウェア製品では「Interstage List Creator」や「Interstage List Works」が該当する。オープンソースソフトウェアにおいてもJavaから帳票印刷をサポートするツールがいくつか存在する。いずれにしても、AsIsのメインフレームで出力されている帳票から、ペーパーレスでのビジネスプロセスの実現を目指しつつ、ToBeの情報システムにおいて本当に必要な帳票を厳選する。

必要と判断した帳票は、メインフレームのフォームオーバーレイの定義を、Interstage List Creatorなどの採用する帳票ソリューションの帳票定

義へ、GUI帳票作成ツールや自動変換ツールを用いて変換する。アプリケーションの移行に併せて、帳票ソリューションとの連携機能を整備し、帳票印刷を実現するのである。

また、メインフレームの運用と同じくプリンターに直接自動印刷するのか、帳票ソリューションの持つPDF変換を用いて一旦は画面に帳票イメージを表示し、必要に応じPDFを印刷するのか、ビジネスプロセスとペーパレス運用を検討のうえで決定が必要となる。

メインフレームにおける大量印刷やきめ細やかなスプール運用を必要とする場合は、Interstage List Worksなどの電子帳票ソリューションを活用し、帳票の電子化と一元管理の機能を組み合わせる。例えば、大量印刷のイメージをWebブラウザー上で閲覧したり、印刷イメージをExcelに取り込み活用したりするなどの新しい帳票運用が可能となる。

第6章でモダナイゼーションにおけるアプリケーションを変換する代表的なリホスト、リライトのサービスを紹介するが、本節における帳票運用機能の変換はサービス範囲外になっている。ITベンダーによるシステムインテグレーションのサポートを有償で受ける、あるいは内製化を図る場合は、PoC（概念実証）でしっかり準備と検証を行うなどの対策が必要となる。

❷ メインフレームのバックアップ運用をモダナイズ

メインフレームでは、重要な業務データの保全や、長期記録保管を要する業務データを、外部記憶媒体である磁気テープ装置や仮想テープ装置（大規模なディスク装置をテープのように利用できる技術）で保管運用を行っているケースがある。このバックアップ運用のToBeとなる情報システムでの置き換え方式を検討していく。結論から言えば、データのバックアップ手法の選定と、バックアップ保管先となるストレージタイプの検討を行う。

バックアップ手法についてはOSに標準添付されるバックアップの単体コマンドの活用から、マルチプラットフォーム対応の統合バックアップソフトウェアの製品まで、いくつかの選択肢がある。それぞれのバックアップ機能の特徴やバックアップ運用の前提条件（バックアップ中に業務を停止できる

か、全体と差分のバックアップをどの周期で取得するかなど）に合わせ、バックアップ時間と不測事態におけるバックアップデータの戻し（リストア）による復旧時間を加味して、バックアップ手法の決定を図る。

　バックアップ保管先となるストレージタイプについては、現在でも大容量化が進化している最先端の LTO（リニアテープオープン）媒体を用いたテープ保管の場合と、仮想テープ装置を含めたストレージ保管（クラウド保管を含む）の場合に大別される。

　前者のテープ保管の場合は、①バックアップや復元にテープ装置が必要、②激甚災害を考慮すると遠隔地に配置する手間、③テープ媒体の破損や経年劣化の可能性、④テープ媒体から特定データに限った取り出しや削除が困難、⑤媒体の紛失や悪意による漏洩対策が必須、などの課題がある。

　後者のストレージ保管（クラウド保管を含む）の場合においても、容量に応じて高コストなソリューションとなる点や、マルウェアなどのウイルス対策などの課題がある。それぞれの特性やメリット・デメリットを評価したうえで、バックアップ保管先を検討すべきである。

　なお、メインフレームでテープ媒体に何十年も業務データを永年保管するバックアップ運用を行っている場合は、現有する旧式のテープ媒体を ToBe の情報システムで読み込むことすら不可能なことがある。旧式テープ媒体を棚卸しして、必要なデータは、最新のテープ媒体やストレージに変換する点にも留意する。

3 メインフレームの外部接続運用をモダナイズ

　メインフレームでは、企業内の別の情報システムとの情報連携や、他組織の情報システムとの EDI（電子データ交換）を実現するためネットワークを介した通信手順による外部接続運用を行っているケースがある。通信手順としてはシンプルなファイル転送を行っている場合もあれば、リアルタイム性を追求した TCP/IP や古くは OSI などの通信プロトコル上での Socket 通信、TP 通信などが行われている場合もある。

　ここでは、様々な外部接続のパターンが考えられるため、詳細は述べない

が、メインフレームでのみでしかサポートされない技術が採用されていた場合は、移行先のオープンシステムでも採用できる汎用的な技術標準に置き換えられないかどうかを検討すべきである。

ただし、外部接続となる相手先システムが別組織の場合、相手先システムの制約条件により変更ができず、メインフレームで実現していた AsIs の通信手順を ToBe の情報システムで実現しなければならない可能性があることに留意する。

❹ メインフレーム固有のデータ表現をモダナイズ

最後に、メインフレーム固有の文字コードとデータベースの置き換えについて言及する。

文字コードとは、文字や記号をコンピューターで扱うために、割り当てられた固有の数字体系である。英数字などは、1 バイト文字として扱われ、富士通のメインフレームである GS21 では、EBCDIC コード（エビシディック）を、漢字の 2 バイトコードでは、JEF 漢字コード（ジェフ）を採用している。これらを、オープンシステムの OS が扱うことができる文字コードである SJIS、EUC、UNICODE などに置き換える必要がある。

英数字記号のコードは 1 対 1 のマッピングで移行対応できるが、漢字コードでは JEF 漢字コードが JIS で定めた漢字コード表に加え拡張漢字として戸籍や屋号などで使われる特別な漢字字体、具体的には旧字体をサポートしている。また、組織によっては外字として組織固有の漢字字体を追加していることもある。そのため、漢字コードの移行については、SJIS、EUC、UNICODE などが標準的にサポートしている漢字字体（新字体）の範囲においてのコード変換を基本とする。

JEF 漢字コードでサポートされている拡張漢字や個別設定された外字は、現行システムに蓄積されたデータにおける利用実績を評価して、利用されている漢字字体に限定して、移行先の SJIS、EUC、UNICODE の外字エリア上の文字コードに割り当てを行い、オープンシステムでのサポート範囲に加えることが一般的である。

なお、外字エリアに割り当てた漢字字体の表示・印刷には、文字フォントも用意しなければならない。インターネットでのデータ表示や、今後のDXを促進するための新たなソフトウェア製品で、この外字エリアに割り当てた文字コードが足かせになるため、モダナイゼーションのタイミングで該当文字を標準的な字体に置き換えるなどの対策を行うことも検討すべきである。

　次に、データベースについて概要を述べていく。データベースの定義として、ここでは、複数のデータを関連付けてひとまとめにしたデータの格納形式とする。

　データベースには階層型データベース、ネットワーク型データベース、リレーショナルデータベースの3種類がある。ToBeのオープンシステムのデータベースは、Oracle Database、Microsoft SQL Server、PostgreSQLなど、ほとんどがリレーショナルデータベースである。

図表5-8 メインフレームにおけるデータベース構造の例

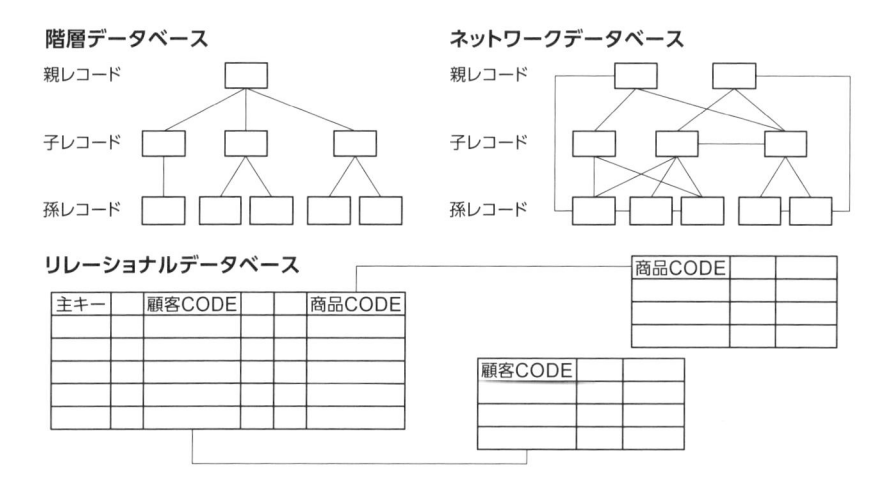

　階層型データベースとネットワーク型データベースは、メインフレームでのみ実現されているデータベース構造と言っても過言ではない。そして、データベースの構造を相当に意識してアプリケーションが開発されているため、AsIsのメインフレーム側のデータベースが階層型データベースやネットワーク型データベースである場合は、ToBeのリレーショナルデータベー

スへのモダナイゼーションの難易度が高くなる。

　リレーショナルデータベースは、表計算ソフト（Excelなど）で作成され
た複数の表をイメージしていただきたい。表の各行に該当するデータの集合
がレコードである。そして各レコードを一意に識別するための索引となるキ
ー情報が存在する。複数の表のレコード間では、キー情報で関係性（リレー
ション）を指し示している。

　一方、階層型データベースやネットワーク型データベースは、親レコード、
子レコード、孫レコードとレコード間で階層構造によりつながっている。各
レコードには階層間でのつながりを示すキー情報はなく、DBMS でポイン
ター情報を保有している。

　階層型データベースは、ツリー構造であり、1 つの親レコードが複数の子
レコードを、さらに 1 つのレコードが複数の孫レコードを保有している。ネ
ットワーク型データベースは各レコードが、任意の親レコードや、小レコー
ドを保有できるため、網の目の構造型になっている。

　階層型データベースやネットワーク型データベースでアプリケーションが
構築されている状況から、リレーショナルデータベースにモダナイゼーショ
ンを行うためには、データベースの構造を再設計することとなる。親レコー
ド、子レコード、孫レコードをそれぞれ表形式へ分割し、リレーションとな
るキー情報を付加するための業務的な関係性の再検討を進めなければならな
い。アプリケーションのビジネスロジックにも多大な影響を及ぼすため、リ
ビルドの手法に考え方が近くなる。

　リホストやリライトのモダナイゼーション手法を取るのであれば、原則、
アプリケーションのビジネスロジックを活かしていく。業務的な意味を持つ
キー情報の追加ではなく、DBMS が暗黙的に保持していたポインター情報
をリレーショナルデータベースの表形式の制御用のキー項目として明示的に
埋め込む移行方法を取ることが多い。そして、アプリケーションのビジネス
ロジックの構造は変更せず、階層型データベースやネットワーク型データベ
ースへのデータベース操作命令部分を、リレーショナルデータベースの明示
的なポインターを利用したデータベース操作命令に置き換えていく。

Column

オープンシステムのレガシー化とは

　かつて先端技術として導入したオープンシステムが、時代遅れとなり、新たなビジネスニーズへの追随やサイバーセキュリティー対応などサポートが継続できなくなり、レガシーシステムと化してしまうことがある。

　オープンシステムのメリットは、様々なハードウェアやソフトウェアの製品やOSS（オープンソースソフトウェア）技術を組み合わせて柔軟にシステムを構築できること。しかし、テクノロジーは最先端のトレンドや採用製品のバージョンアップを含めて常に進化しており、一旦作り上げたオープンシステムが時代とともに最新のテクノロジーに対応できなくなる。

　製品や技術によっては、販売やサポートが打ち切られることもあり、利用の継続がシステム利用者の自己責任になる。特に、セキュリティーの脆弱性の観点からは、古くなったオープンシステムが新たに検出されたセキュリティーホールに対応できなくなると、サイバー攻撃を受けるリスクも生じる。またテクノロジーや製品仕様が様変わりし、古いテクノロジーを使いこなせる技術者を確保することが困難になる。人的リソース確保の問題も生じうるのだ。

　例えば、オープンシステム上でアプリケーションを構築するプログラム言語には、Javaをはじめ多数の選択肢がある。これらのプログラミング言語では、OSSによりアプリケーション制御方式のロジックがアプリケーションフレームワークとして提供され、最先端のWeb技術への追随や開発生産性の向上に貢献している。

　しかし、OSSであるがゆえに提供元の開発者やコミュニティーの意向で、上位バージョンにアップデートを余儀なくされるケースや、フレームワークそのもののサポート停止（新たなバグやセキュリティーホールなどの調査や修正の打ち切り）となるケースがある。この場合、大切な業務資産を次世代のオープンシステムにモダナイゼーションしていく必要があるため、既存の業務アプリケーションに埋め込まれた古い技術要素やフレームワークを取り除き、新たな技術要素やフレームワークに最適に置き換えて、業務アプリケーション稼働の品質保証を行う一連のモダナイズが必要となる。

第6章

レガシーシステムの業務資産を活かすモダナイゼーションサービス

メインフレームを中心としたレガシーシステムの業務資産をオープンシステムで稼働する業務資産に移行していくリホスト、リライトでは、AsIsとなる現行の情報システムで稼働している業務の、機能仕様とプログラムを活かしていくことを前提としている。

このようなモダナイゼーションサービスは、サービス提供事業者が自動化ツールを用いて、資産分析、PoC評価、資産変換、変換後検証までの一連の工程を提供することが一般的である。本章では、このサービス提供事業者が行うサービスの範囲や役割、スコープ対象外となるモダナイゼーションの領域、インテグレーションとして解決していく事項について明らかにする。

そのうえで、富士通が提案しているリホスト、リライトのサービス事例を取り上げていく。

1 モダナイゼーションサービスを 活用していく前提条件

1 サービス提供事業者が主体的に実施するモダナイゼーションサービス

　モダナイゼーションサービスとは、IT ベンダーが確実化と効率化のための経験値を集結した自動化ツールを駆使し、品質を確保するプロセスを通じて遂行していく資産変換サービスである。つまり、IT ベンダーが顧客企業とサービス契約を締結し、顧客企業の情報システムのモダナイゼーションにおける部分的な工程を代行するサービス提供事業者の提供形態のことだ。

　この章では、モダナイゼーションサービスによって、現行の情報システムで稼働するアプリケーションやデータの業務資産をリホスト、リライトの手法によりオープンシステムで稼働できるよう変換していく工程を、サービス商品事例を含めて確認していく。

　モダナイゼーションサービスとして提供しているサービス提供事業者の作業スコープ範囲としては、

① 移行元となるメインフレームなどの情報システムで稼働する業務資産を顧客企業から預かる

② サービス提供事業者側で資産分析することで業務資産の過不足や移行難易度を明らかにする

③ 一部資産の PoC 変換による移行性のフィージビリティー（実現見込み）を検証・調整する

④ 自動化ツールを駆使してすべてのアプリケーション資産をオープンシステムで稼働できるよう変換する

⑤ 変換作業の妥当性を現新比較テストで確認する

というものである。

　現行システムで稼働しているアプリケーションやデータで実現できているビジネス要件を変更することなく移行していくことを前提とする。ビジネス要件に変更を加えたい場合は、一旦リホスト、リライトで既存のビジネス要

件を確実に次のオープンシステム上で稼働できる状態をサービス活用で担保。そのあとに個別対応としてビジネス要件の変更を加えていく。

現新比較テストとは、現行の情報システムでのオンライン機能やバッチ機能を走行させる入力内容と出力結果をあらかじめ整備。変換後の業務資産のオンライン機能やバッチ機能を同じ入力内容で走行させたときに出力結果が同じになるか、「現」と「新」の入出力やデータベースの更新結果を照合する検証方法である。

モダナイゼーションを代行するサービス提供事業者は、顧客企業の個々のビジネスロジックやデータの詳細を理解することはしない。サービス提供事業者の持つ経験や技術ナレッジを集約した自動化の仕組みで、アプリケーションやデータをレガシーシステムからオープンシステムで稼働できる状態に、一律で変換する。現新比較テストでは、変換の確からしさが現行システムでの入出力と同じであるかを、統計的に確認する。

最終的な情報システムとして機能要件、非機能要件のすべてが満たされて、業務運用に堪えうるかの総合検証は、サービス提供事業者のスコープ範囲外である。通常の情報システム開発と同様に結合・総合テストで検証する。

図表6-1 モダナイゼーションサービス活用における全体像

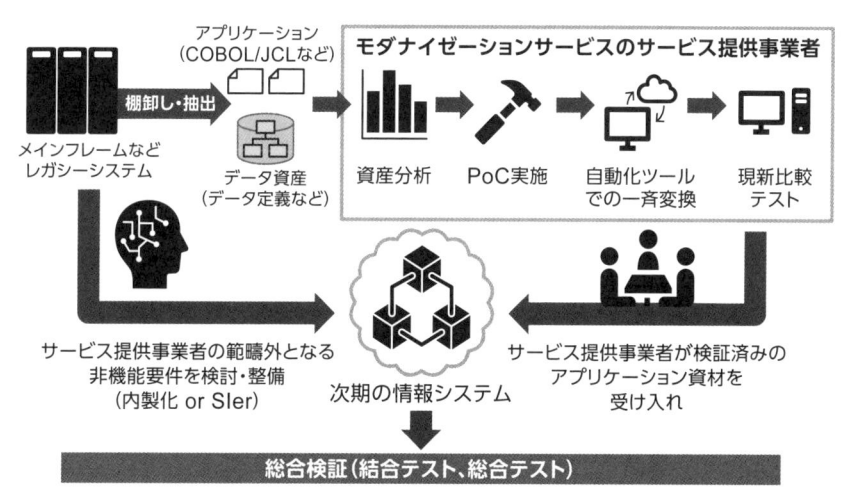

　モダナイゼーションサービスが変換対象とする業務資産は、アプリケーションとデータである。アプリケーションとは、ビジネス要件であるビジネスロジックを記述した COBOL のプログラムソースコードである。また、メインフレームでのアプリケーションを動作させる JCL も変換対象のアプリケーション資産となる。

　ほかにも、ミドルウェアとしてのトランザクション制御における TP モニターの画面定義情報やアプリケーション定義情報、さらにはデータベース管理システム（DBMS）でのデータベース定義情報も自動化ツールにより参照情報となるため、サービス提供事業者に提供する。データベースを含めた業務データも移行対象資産となる。

　アプリケーションと相互関係性が深いデータベースについては、レガシーシステム固有の技術となるデータベース（階層型データベース、ネットワーク型データベース、VSAM、ISAM など）からリレーショナルデータベースへのモダナイゼーションを行う。そのため現行の情報システムのデータ定義情報や文字コード情報、そして、実際のデータ内容について参照する。

　なお、個人情報保護や顧客企業の営業秘密情報保護の観点から、サービス提供事業者は実際の商用システムで稼働する本番データの提示は要求しない。自社で保有するテスト用システムにあるテスト業務データを基にした、入力画面データ、出力画面データ、データベースの更新前と更新後のスナップショットを求められる。

　モダナイゼーションサービスでは、これらのレガシーシステムの資産類を基に、自動化ツールなどを駆使し成果物として提供する。成果物には、ビジネス要件を引き継いだプログラムソースコード（リホストの場合はオープンCOBOL 言語、リライトの場合は Java 言語などの新しいプログラム言語）と、オンライン機能の画面を構成する HTML などの定義情報、バッチ機能でジョブを起動するための JCL の変換後となるシェルスクリプトなどがある。

　データ資産に関しては、次の情報システムでのデータベース設定情報やコ

ード変換の仕組み、データインポートのツールを、成果物として提供される
ケースが一般的である。このツール類を活用して、本番データによるシステ
ム移行を行う。正しくすべてのデータが移行され、業務動作確認を得たうえ
で、次の情報システムを稼働させる。

3 モダナイゼーションサービス利用における留意点

サービス提供事業者が変換したプログラムソースコードや HTML などの
画面定義、シェルスクリプトといった成果物の著作権は、一般的に依頼元と
なる顧客企業へ著作権が譲渡される契約条項や、サービス提供事業者が著作
権を主張しないことが一般的である。これは、モダナイゼーションのあと、
企業が自由にビジネスプロセスの改造が行えるようにするためである。

モダナイゼーションサービス活用の際には、変換後のプログラムソースコ
ードの著作権の所在と、モダナイゼーション後の自社による参照・解読・改
修の制約条件が発生しないことを明らかにしておくべきである。

オープンシステムの動作環境に合わせたアプリケーション制御方式とし
て、フレームワークソフトウェアが併せて提供されることが一般的である。
このフレームワークの取り扱いにも注意を払うべきである。フレームワーク
は、モダナイゼーション後の次の情報システムでの必須かつ有償のランタイ
ムエンジンとして、利用料をサービス提供事業者に払い続けなければならな
いケースがある。これは、フレームワークがアプリケーション制御方式とし
てビジネス要件を実現するための非常に重要な位置付けとなるためだ。使い
続ける限りは、サービス提供事業者がトラブル発生時の切り分けや、障害対
応などの運用保守をサポートするための対価と捉えていただきたい。

一方、サービス提供事業者によってはフレームワークをオープンソースと
して無償提供しているケースもある。この場合は、オープンソースでの提供
であるため、トラブル発生時の切り分けから、障害対応は、利用企業側の責
任範囲となる。フレームワークの運用保守の内製化を利用企業で体制を整備
して行うか、サービス提供事業者と運用保守後の個別契約を締結し、フレー
ムワークのサポート体制を確保するなどの対策が必要となる。

サービス提供事業者は現行のレガシーシステムにおける AsIs の業務資産を、ToBe のオープンシステムで稼働できる業務資産に変換していく役務サービスに注力する。エンタープライズアーキテクチャーで表現すれば、アプリケーションアーキテクチャーとデータアーキテクチャーが中心となるが、機能要件に一切の影響を与えないよう、高品質に変換することが求められる。一部、テクニカルアーキテクチャーに包含されるオンライン機能などのアプリケーション制御方式は、アプリケーションフレームワークの形態で提供される。

　業務資産の変換と併せて一体的にコンサルティングサービスを提供するサービス提供事業者もある。クラウドシステムが持つ利便性やパワーを最大限に享受できるよう、クラウド契約時に必要となるインスタンスや CPU・メモリー・ディスク量などキャパシティープランニング情報や、セキュアーなクラウドインフラを実現する設定情報の提供を行う。さらには、DevOps 実現（アプリ開発とデリバリーリリース運用の仕組みの最適な組み合わせ）に向けた支援など、技術的な専門コンサルティングサービスを行うケースもある。

❹ モダナイゼーションサービスのスコープ範囲外を理解する

　サービス提供事業者が提供していないモダナイゼーションの作業内容についても明らかにしていく。スコープの対象範囲外としては、

① **モダナイゼーション実行プロジェクト全体のプロジェクトマネジメント**
② **変換するアプリケーションやデータの業務仕様などのドキュメント化**
③ **サービス提供事業者が検証する現新比較テストのためのテストケース・テストデータの準備**
④ **情報システム全体での非機能要件の実装**
⑤ **システム全体の機能要件・非機能要件の総合的な品質保証**

の 5 つが挙げられる。

　サービス提供事業者のスコープ範囲外の作業については、モダナイゼーションにおけるシステム全体のインテグレーションプロジェクトとして役割を設定する必要がある。この役割は、情報システムを有する企業が自社の責任

として内製化で体制を確保するか、IT ベンダーへの作業委託により専門家の体制を確保するかの 2 つのケースが考えられる。

このとき、モダナイゼーションサービスのサービス提供事業者が IT ベンダーとして提供する場合もある。例えば富士通では、後述するいくつかのリホスト・リライトサービスを有するサービス提供事業者の側面と、従来から長年のシステム開発で培ってきたシステムインテグレーターの側面としてのケイパビリティーも有している。

サービス提供事業者のスコープ範囲外となる作業内容は、下記に挙げた点に留意して、インテグレーション作業としてどこまで取り込むべきか、プロジェクト計画段階で定めておきたい。

① モダナイゼーション実行プロジェクト全体のプロジェクトマネジメント

全体のプロジェクト計画、個別計画として各種の作業計画、コミュニケーション計画、テスト計画、品質管理計画などを策定し、この計画を確実に遂行できるよう進捗管理、品質管理、コスト管理、リスク管理、課題対応などの統制に取り組む。最終的なマネジメント責任の所在は、情報システムを有する企業にある。

② アプリケーションやデータの業務仕様などのドキュメント化

一般的にリホスト、リライトを実施する際に、現行のアプリケーションやデータの仕様を記したドキュメントが存在しない、または存在しても実態と合わせた最新化が滞っており、信頼性が乏しい場合がある。そこで、モダナイゼーションに合わせて、現有のアプリケーションやデータを読み解き、機能仕様をドキュメント化する現行仕様解析（リバースエンジニアリング）を行うケースがある。ソフトウェアの規模に応じて労力とコストを要するため、結合テストや総合テストにおけるテスト実施内容を検討するために必要なインプット情報にとどめるなど、範囲の検討が必要となる。

③ サービス提供事業者が検証する現新比較テストのテストケース・テストデータの準備

アプリケーションやデータの変換の正確性を検証し、現新比較テストを実施するための、業務を再現するテストケースを検討。現行の情報システ

ムでのオペレーションによる「現」の比較用テストデータ（入力画面データ、出力画面データ、データベースの更新前・更新後の状態）をサービス提供事業者に提供する。現新比較テストでの検証実施数は、サービス内容や契約条項でサービス提供事業者により定められており、数多くの現新比較テストを実施することはできない。アプリケーションで実現されていた業務方式ロジック、データ構造、アプリケーション制御方式など、変換される技術的チェックポイントに着目して、効果的なテストケースを検討する。

④ **情報システム全体での非機能要件の実装**

第5章に記載したとおり、メインフレームで動作していたバッチ機能でのスケジュール運用、帳票出力運用、データのバックアップ運用、外部接続運用を、システムインテグレーションとしてミドルウェアなどの機能に置き換えていく。クラウドシステムを採用する場合は、クラウド事業者の基盤トラブルや、ネットワーク事業者のネットワーク切断・遅延などのトラブルに直面することを想定した冗長化対策により可用性を実現していく。

⑤**システム全体の機能要件・非機能要件の総合的な品質保証**

サービス提供事業者が変換したアプリケーションやデータと、個別に整備した非機能要件を組み合わせて、最終的な情報システム全体としての結合テスト・総合テストを実施し品質を評価する。ここでも、新規システム開発と同様に全量テストを行うのか、テスト計画（テスト戦略）を立案し、内容と量を定めて効果的なテストを実施するのか、情報システムの社会性や影響範囲、そして、費用対効果を含めて判断していく。

2 COBOLを最大限に活かす リホストサービス事例

■1 リホストサービスにおける考え方

　リホストは、現行の業務資産である COBOL のアプリケーションのプログラム構造をそのまま引き継ぐ考え方である。メインフレームにおけるトランザクション処理や端末との応答などのアプリケーション制御方式をオープンシステム上で再現するため、サービス提供事業者が提供するリホスト用のフレームワークで COBOL アプリケーションをラッピング（包み込む）することで稼働させる。バッチ機能における JCL には、JCL 実行エンジンを用いてホストの JCL 記述のままジョブを起動させるパターンと、JCL をシェルに一旦変換してシェルの形態で実行させるパターンがあり、サービス提供事業者により異なる。

図表6-2 富士通メインフレームからのリホストの概念

	メインフレーム	リホスト
UI	エミュレーター（画面マップ定義）	Webエミュレーター（画面表示を固有マップやHTMLで）
APL	COBOL	COBOL（文字コードやメインフレーム依存コードを変換）
	JCL	JCL（文字コード変化）または シェル
	アプリケーション制御方式（アセンブラ開発を含む）	リホストフレームワーク機能で代替（特殊なアプリケーション制御方式はアセンブラから移植）
DB/FILE	AIM/DB AIM/VSAM RDB2 Symfoware など	RDBMSへマッピング
MW	AIM	リホストフレームワーク機能で代替+リホストサービス提供事業者が指定するTPモニター
OS	MSP/XSP	Linux
HW	GS21	オンプレ、クラウド

データベースの扱いについては、メインフレームのデータベースの形式を、オープンシステムのリレーショナルデータベース（RDB：Relational Database）へ最適にマッピングして、COBOL アプリケーションへの影響範囲を局所化する。COBOL アプリケーション内でのデータベースへのアクセス命令を機械的に置き換え、ビジネスロジックへの影響を回避する考え方である。

バッチ機能におけるスケジュール運用、帳票出力運用、データのバックアップ運用、外部接続運用、冗長化の対策は、商用やオープンソースのミドルウェア活用や、クラウドシステムのデザインパターンなどを駆使したシステムインテグレーションにより構築し、サービス提供事業者の成果物との結合を進めていく。これらは、サービス提供事業者が実践してきたこれまでのリホストのモダナイゼーションでの、数々の成功実績やお薦めのインテグレーションパターンがあり、これを参考に進めていくこともある。

次にリホストサービス事例として 2 つ紹介していこう。

② 業務資産をオープンシステムに適用させるリホストサービス

富士通では 1990 年代から始まったダウンサイジング気運を背景に、メインフレームから UNIX を中心としたオープンシステムへ、数多くのリホストを実践。様々なノウハウを有している。こうしたノウハウを基に修練してきた変換ツールや変換プロセスを、富士通のデリバリー体制である JGG（ジャパン・グローバルゲートウェイ）がサービス提供事業者として「富士通アプリケーション移行サービス（COBOL to COBOL）」を提供している。

特徴は、富士通の業務・資産可視化サービス、およびシステムインテグレーションと一体となったサービス提供が標準的な提供形態である点だ。業務・資産可視化サービスにより、リホスト対象となる資産を棚卸しするとともに、リホストの対象外となりうる資産候補を洗い出し、スリム化の判断情報を提供する。

さらには、バッチ機能におけるスケジュール運用、帳票出力運用、データのバックアップ運用、外部接続運用、冗長化の対策を含めた前節で述べたシ

ステムインテグレーションのすべてを、「富士通 アプリケーション移行サービス（COBOL to COBOL）」と一体的に提供することが可能。リホストでのモダナイゼーションをワンパッケージで実現している。

　COBOL は、オープン COBOL 言語である富士通製 NetCOBOL、JCL はシェルに書き換えられる。また、画面定義は HTML やスクリプトに、帳票定義は商用ミドルウェアを活用した定義に置き換わっている。そのため、リホスト後の維持保守や、新しい機能業務プロセスの追加には、COBOL 言語とオープン製品の利用技術の習得で可能となる。

❸ メインフレーム機能をオープンシステムに再現するリホストサービス

　日本ティーマックスソフトが提供するリホストサービスが、Tmax OpenFrame7（オープンフレームセブン）である。メインフレームでのアプリケーション制御方式をオープンシステム上で高い次元でエミュレート（異なる動作環境で実行する）するフレームワークを有するのが特徴だ。そのため、メインフレームで稼働していた COBOL、JCL、各種定義を改変することなく、ソースプログラムそのままで維持保守していく形式である。

図表6-3 日本ティーマックスソフト Tmax OpenFrame7の概念

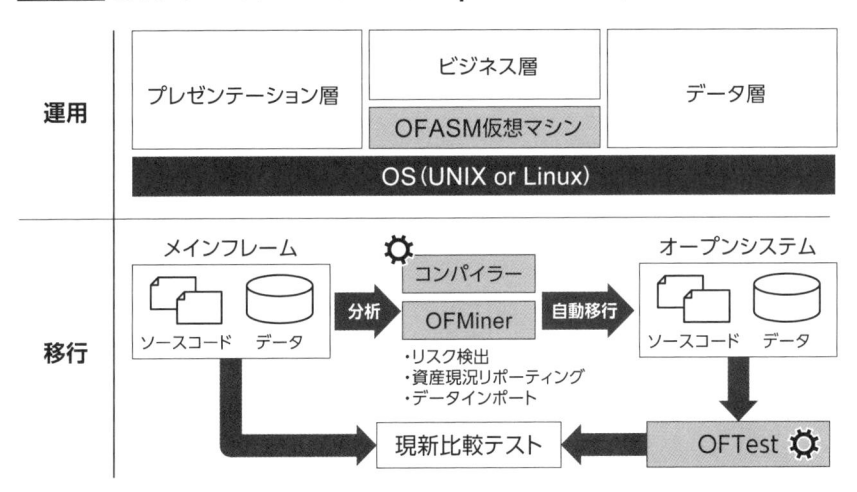

出所:日本ティーマックスソフト

メインフレームで培ってきた技術者やケイパビリティーをそのまま活用し続けられるメリットがあり、メインフレームをいち早く撤廃できる。またランニングコストの低減を図りつつ、これまでのコア業務で運用してきた変化の少ないアプリケーションを継続利用することが可能だ。

　何十年にもわたり開発されてきたメインフレームでは、COBOL プログラムのソースコードの量が、プログラム本数では 1 万本、プログラム行数では 2000 万行にも達している企業の事例もある。メインフレームを撤廃しても、これらの膨大な業務資産とビジネスオペレーションをそのまま利用できることは、事業継続性の観点からも、事業リスクを低減させる経営判断として選択されるべきソリューションと言えるだろう。

　一方で、COBOL 開発者やメインフレームに関する特有な技術スキルを継承していく必要がある点に留意しなければならない。

　そのため、グランドデザインを整備する際には、まずあるべき姿の ToBe のターゲットアーキテクチャーを描く。続いて、安全確実なリホストによりメインフレームを撤廃するためのトランジションアーキテクチャーとして、Tmax OpenFrame7 を位置付けることも有効である。

　データベースが RDB 化されることで、Java で新規業務をアドオン開発することも可能となり、何よりオープンな技術を採用したデータ利活用がしやすい形態となる。また、日本ティーマックスソフトでは、OpenFrame7で移行済みの COBOL システムを、Java システムに変換して稼働させる OpenFrame21 も用意している。ToBe ステップに向けての移行パスが用意されている点も付け加えておきたい。

3 リライトにより新しい技術を取り込むサービス事例

◼ リライトサービスにおける考え方

　リライトとは、メインフレームで稼働する COBOL などの古いプログラム言語から、Java や .NET（C#）などの新しいプログラム言語へビジネスロジックを書き換えるという考え方である。COBOL を最大限に活かすリホストに対して、リライトを選択する際の課題と対応策を述べていく。

　1 つ目の課題は、既存システムを熟知した要員の高齢化や、レガシーシステム技術者の減少により、現行アプリケーションの COBOL を維持保守していくメンバーの確保が困難になっている点である。その対応策として、ビジネスロジックはそのままに COBOL から Java や .NET といったトレンド技術への移行を行うことで、技術者の確保を社内育成または社外調達の両面から安定させる。

　2 つ目の課題は、レビューやテスト検証の労力がかかる点である。2000 年当初から COBOL から Java へ言語変換する取り組みは行われてきたが、技術者の人手による書き換え作業が中心だった。そのためコスト高になる傾向があるのと同時に、細心の注意を払ってもヒューマンエラーが内在しうるため、書き換えミスの可能性を払拭できなかった。

　昨今はサービス提供事業者によるノウハウの蓄積が進んだことや、機械変換技術の進歩により高精度な変換ツールが整備されたことから、効率化と高品質の両輪によるコスト改善を実現している。

　3 つ目の課題は、データ利活用や DX と相性のいい情報システムにしたいが、言語安定性の高い COBOL を継続利用することで最新技術への追随性が制約を受ける点である。改善策としては、言語提供元ベンダーが積極的に言語仕様の進化・発展を進めている Java や .NET を利用することで、AI 技術を含めた最新技術を取り込める。

　なお、言語変換以外に着目すると、メインフレームのシステムで実現され

ていたトランザクション処理や端末との応答などのアプリケーション制御方式をオープンシステムに適した形で実現するには、サービス提供事業者が提供するリライト用のフレームワークに Java や .NET（C#）に変換されたビジネスロジックを組み込んで稼働させる。これは、リホストに近い考え方である。また、バッチ機能における JCL は、シェルに変換して実行させる。

　データベースの扱いについても、メインフレームのデータベースの形式を、オープンシステムの RDB へ最適にマッピングする。Java に書き換えられたビジネスロジックに対して、データベースへのアクセス命令を SQL ロジックへと変更するなど影響範囲を局所化して対応する。

図表6-4 富士通メインフレームからのリライトの概念

	メインフレーム		リライト
UI	エミュレーター（画面マップ定義）		Webベースインターフェイス（HTML/React Anguler等）
APL	COBOL		Java/ .NET(C#)
	JCL		シェル（PowerShell / Groovy等）
	アプリケーション制御方式（アセンブラ開発を含む）		リライトフレームワーク機能で代替（特殊なアプリケーション制御方式はアセンブラから移植）
DB/FILE	AIM/DB AIM/VSAM RDB2 Symfoware など		RDBMSへマッピング
MW	AIM		リライトフレームワーク機能で代替+リライトサービス提供事業者が指定するTPモニター
OS	MSP/XSP		Linux/Windows
HW	GS21		オンプレ、クラウド

　そして、バッチ機能におけるスケジュール運用、帳票出力運用、データのバックアップ運用、外部接続運用、冗長化の対策は、商用もしくはオープンソースのミドルウェア活用や、クラウドシステムのデザインパターンなどを駆使したシステムインテグレーションにより構築。サービス提供事業者の成果物との結合を進めていく。

　ここで紹介したのは、これまでサービス提供事業者が実践してきたリライ

トのモダナイゼーションの成功事例であり、数々の実績に基づいたお薦めの
インテグレーションパターンがある。これらを参考に進めていく点もリホス
トの考え方に近い。

2 .NET（C#）移行が選択可能なリライトサービス

富士通では、北米市場におけるモダナイゼーションを加速させるため
2000 年代に入りメインフレームの COBOL 業務アプリケーションを、
Java 言語や .NET（C#）に変換するサービスを整備・展開。富士通ではこ
のサービスを「Fujitsu PROGRESSION」（プログレッション）と命名し、米
国や欧州を中心に 50 以上のメインフレーム移行の実績を上げてきた。

日本市場における富士通メインフレーム GS21 の移行を行うサービス提
供事業者として Fujitsu PROGRESSION の提供を 2024 年 5 月開始してい
る。富士通 GS21 のメインフレーム技術の変換サポートと、ダブルバイト
コードである日本語文字コードの正式サポートが提供される。

Fujitsu PROGRESSION の特徴は次の 3 つがある。

① 富士通所有の IP であり、富士通がサービス提供事業者としてリライトのサ
ービスを実施する体制を用意する

② アプリケーション制御方式を実現するリライトのフレームワークのソース
コードを開示しており、変換後のフレームワークの使用料は請求せず、顧
客企業が自営で維持保守・改修を行うことが可能となる（運用後の問い合わ
せ対応や障害切り分けなどのサポートをサービス提供事業者の富士通に要求する
場合は、別途、保守契約を締結する）

③ 移行先のプラットフォームは、クラウドのみならずオンプレミスの IA サ
ーバー（インテル・アーキテクチャーサーバー）を含めて柔軟に選択が可能
となる。アプリケーションもほかの一般的なリライトでの移行先となる
Java に加え、.NET（C#）の選択も可能となる

Fujitsu PROGRESSION によるサービス提供事業者のモダナイゼーション
・プロジェクトの進め方の概要を次ページの図表 6-5 に示す。

図表6-5 Fujitsu PROGRESSIONによるリライト工程の概要

	プレ段階		アフター段階		
	アセスメント	**PoC**	**マイグレーション（12～24か月）**		
			設計	**変換**	**テスト**
標準期間	4～10週間	2～3か月	4～6か月	プロジェクトに依存	プロジェクトに依存
実施概要	▶現行資産における使用/未使用、不足/重複資産の特定 ▶ホスト利用機能の特定 ▶移行対象資産の確定、概算見積り、スケジュール策定	▶特定機能の変換および動作検証 ※アセスメント結果を踏まえ、PoC対象の調整 ▶PROGRESSIONの適用可否判断	▶アプリ移行概要設計、処理方式設計 ▶PROGRESSION未対応のホスト技術要素のツールエンハンスを実施 ▶プロトタイプによる技術要素検証	▶資産をロット分割しロットごとにPROGRESSIONによる変換、変換テスト（現新比較テスト）を実施	▶変換作業完了後、結合テスト（IT）、総合テスト（ST）、運用テスト（OT）の支援を実施 ▶テストによるQAや障害対応を実施

ロット1 … ロットn

　プロジェクト正式発足前のプレ段階では、アセスメント、PoC の工程により、企業の移行対象資産を確定し、Fujitsu PROGRESSION を用いた一部機能の変換や動作検証を踏まえ、適用可否を判断できるようになっている。プロジェクト正式発足後のアフター段階では、設計工程で技術要素を検証し、変換工程で移行する対象資産をロット単位に変換と変換テスト（現新比較テスト）を実施。段階的に品質を積み上げ、テスト工程で情報システム全体として総合的なテストを実施する。アフター工程は 1 ～ 2 年を基準にスケジュールを定めている。

❸ AWSクラウドに最適化されたリライトサービス

　AWS BluAge（ブルーエイジ）は、AWS（Amazon Web Services）が提供するメインフレームモダナイゼーションサービス体系における1つのソリューションである。コード分析機能(Blu Insight)や、コード変換機能(BluAge Velocity)を活用して、メインフレームの COBOL や JCL などの業務資産から Java のコードを自動生成し、AWS クラウド上で最適に稼働させるリライトサービスだ。

AWS BluAge は 20 年に及ぶ実績から、海外では 100 以上ものメインフレームなどレガシーシステムからの移行実績がある。また、ダブルバイトの日本語のサポートも準備できており、日本国内でのメインフレームの移行実績もある。富士通 GS21 で稼働する COBOL アプリケーションについては、富士通の社内システムを AWS BluAge で Java にリライトする社内検証をモダナイゼーションナレッジセンターにて実施済みである。

AWS BluAge の特徴は次の 3 つがある。

① **AWS BluAge は、移行先を AWS クラウドに特化しており AWS クラウドに最適なモダナイゼーションのサービス**

② **AWS BluAge Velocity Framework が、COBOL から変換された Java アプリケーションへメインフレーム固有のトランザクション制御やデータベースアクセス制御などの高度なアプリケーション制御方式を提供**

③ **サービス提供事業者である AWS が、AWS プロフェッショナルサービスとして AWS BluAge により AWS クラウド上で最適かつ安全確実に利用されるためのコンサルティングサービスを一体的に提供**

富士通と AWS とは 2024 年 3 月に戦略的協業を締結。AWS の AWS BluAge を提供するサービス提供事業者と、富士通のシステムインテグレーションのケイパビリティーを融合し、メインフレームのみならず UNIX を含めたレガシーシステムのモダナイゼーションを顧客企業に提供することとした。AWS BluAge によるサービス提供事業者のモダナイゼーションプロジェクトの進め方の概要を次ページの図表 6-6 に示す。

Assess は、ソースコードの全量を分析し、移行資産の確定と AWS BluAge によるリライトの技術的妥当性や移行方式を検討する重要な工程だ。PoC/Mobilize と Calibration では、一部ソースコードの変換と現新比較テストを実施。リライトに向けた問題点を明らかにし、ソースコード変換のための個別ルールや変換パターンを調整して自動化の準備を整える工程である。

Mass Modernization と Mass Testing は、移行対象のすべての資産を AWS BluAge の自動化で変換し、現新比較テストを実施する工程だ。一気

に行わずアジャイルの発想で、全量をいくつかのスプリント（1週間から1か月程度のタイムボックス）に分けて、順次消化していく。このスプリントの途中過程で検出したソースコードの変換問題は、AWS BluAge の自動化の変換パターンにフィードバックして再度ソースコードの変換を実施するというプロセスを踏んでいく。

図表6-6 AWS BluAgeによるリライト工程の概要

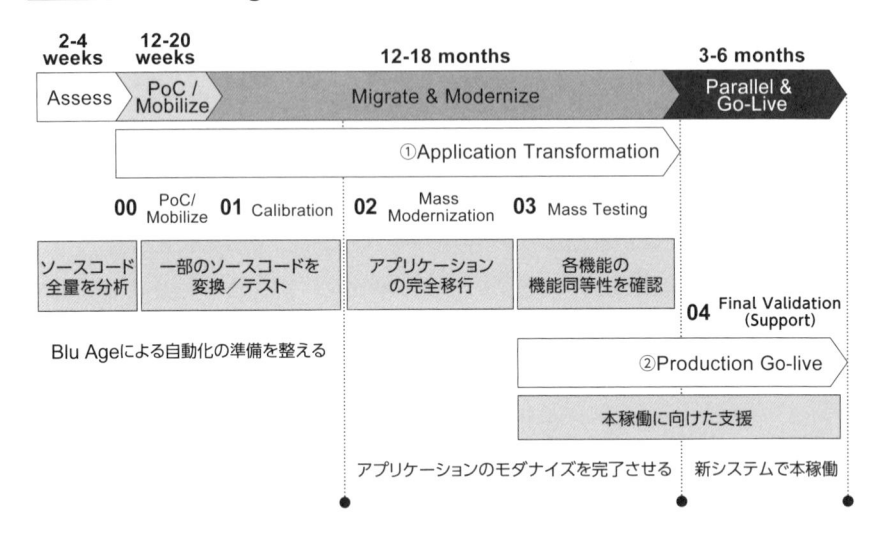

　ここまでの Application Transformation のフェーズが終われば、システムインテグレーターが整備してきた、バッチ機能におけるスケジュール運用、帳票出力運用、データのバックアップ運用、外部接続運用、冗長化の対策との結合を図る。総合的なテスト工程を経て、情報システムとしての総合的な品質が保たれた段階でデータ移行を行い、本稼働を迎える Production Go-live のフェーズをサービス提供事業者として支援するわけである。全体のプロジェクト工期は2年から、大規模システムでは4年程度をめどにスケジュールを定めていく。

　富士通と AWS の戦略的協業では、富士通のシステムインテグレーションに AWS BluAge のサービス提供事業者の機能を内包させて、一体的かつワンストップでのモダナイゼーションサービスとして提供していく。顧客企

業は、富士通のプロジェクトマネジメントの下で AWS BluAge のモダナイゼーションサービスの利便性を享受できるわけである。

　あわせて、富士通 GS21 メインフレームの移行では、メインフレームの製造元である富士通による技術リスクを早い段階で回避していくメリットを顧客企業に提供していく。

4 モダナイゼーションにおける 生成AIの活用

■1 急速に技術発展していく生成AI

　モダナイゼーションサービスの最後として、昨今、急速に発展している生成 AI をモダナイゼーションにどのように活用していくかを述べよう。本題に入る前に、生成 AI とは何かを振り返っておく。

　生成 AI（Generative AI）は、私たち人間の生活や文化・芸術、そしてビジネスシーンを含めて大きく前進させる可能性を持った革新的な技術と言える。具体的にはテキスト、画像、動画、音声などの人間が理解できる多様でクリエイティブなコンテンツを生成する。そこでクリエイティブなビジネス分野として広告や企画のアイデア創出、そして研究開発などの領域で威力を発揮している。

　例えば、富士通と国立行政法人理化学研究所では、独自の生成 AI 技術に基づく創薬技術の開発を発表している。大量の電子顕微鏡画像から、生命活動や病気のメカニズムと深く関わるタンパク質の広範囲な構造変化を予測する技術である。本書の対象範囲である IT 分野においても、すでにプログラムのソースコード生成やデバッグの支援ができる状況になってきている。

　生成 AI のメカニズムを簡単に示すと、膨大なデータを読み込んで、機械学習（ディープラーニング）により、特徴的なパターンを認識する。そしてこのパターンに基づき、サンプリングと生成モデルのアルゴリズムを用いて、利用者からのリクエストに応じて新しいコンテンツを創作するというものである。つまり、膨大で良質な学習データが鍵になるわけだ。もし学習データが誤っていたり、生成される内容として厳密性や厳格性が求められるコンテンツだったりした場合は、信頼性が低下するおそれがある。

　そのため、生成 AI が作り出したコンテンツを完全に信じてそのまま適用するのではなく、人間による確からしさを評価したうえで活用することが求められる。また、学習データとして生成 AI が既存の著作物を利用している

場合は、生み出されたコンテンツが著作権侵害の問題をはらんでいる可能性がある点にも最大限の注意を払う必要がある。

　ただ、生成 AI の代表格とも言える OpenAI の ChatGPT などの著名なサービスは、頻繁にバージョンアップを重ね、利用者からのリクエスト応答性能や利便性、そして生成されたコンテンツの確からしさが飛躍的に向上している技術領域である。今後のビジネス領域における生成 AI の積極的な活用は必要不可欠であると考えている。

❷ モダナイゼーションにおける生成AIの活用

　システム開発のプロセスにおいて生成 AI を活用する動きは、海外に限らず日本国内においても活発化している。最終的には、要件定義工程からシステム開発後の運用・保守までの全プロセスで生成 AI による効率化が期待されているが、現時点では開発とテスト工程を中心に実証作業やトライアルが進んでいる。より生成 AI によるシステム開発でのノウハウが蓄積され、知的財産権を含む生成 AI のリスク回避が進むことで、次のようなシステム開発においても期待効果が得られる。

図表6-7 生成AIをシステム開発で活用することで得られる期待効果

メリット	期待効果
品質の向上	▶生成AIにより一貫したドキュメントやソースコードが作り出され、可読性やメンテナンス性が向上 ▶人間作業によるヒューマンエラーが入らないので、初歩的なケアレスミスやバグの混入を防止する
生産性の向上	▶設計書の作成、ソースコードの作成、テストケース作成などのタスクを生成AIで自動化される ▶人間はより高度なエンジニアリング作業に従事できるため、1人当たりの生産性は飛躍的に向上する
スピードの向上	▶生成AIでシステム開発プロセスの多くを高速化できるようになり、開発期間を短縮する ▶早期のシステム開発とリリースが可能となり、環境変化に合わせたビジネス競争力の確保に貢献する

例えば、Microsoft 社の GitHub Copilot では、すでにコードエディター
を拡張する生成 AI の機能として利用が開始されている。作成中のソースコ
ードのコンテキストに合わせてソースコードを自動補完する機能はもちろ
ん、挿入したコメント文を解析して対応するソースコードを生成する機能
や、ソースコードを単体テストするためのテストコードを生成するなど、開
発効率を高める仕組みがすでに整備されている。
　レガシーシステムで稼働している大規模な既存のアプリケーションを、新
しいプラットフォームに移植する作業や、プログラム言語を変換して保守の
しやすい最適なアプリケーション構造に変換する作業を行うモダナイゼーシ
ョンでは、生成 AI のパワーを活用することで、品質、生産性、スピードの
3点で大きな効果が見込まれており、富士通でも実証作業に取り組んでいる。

Column

先端 AI 技術を素早く試せる Fujitsu Kozuchi

　生成 AI をはじめとする AI 領域では、次々とビジネス革新につながるブレークスルーが起こる可能性が秘められている。富士通では、先端 AI 技術を素早く試せるよう、クラウドベースの AI プラットフォーム「Fujitsu Kozuchi（コズチ）」を通じて、AI テクノロジーをグローバルに提供している。AI 技術の研究開発の段階から、開発者や様々な業種企業と PoC での AI 活用の経験や共創により、AI 技術の機能強化と適用領域の拡大を図るというものである。Fujitsu Kozuchi は富士通が開発した AI 技術のブランドであり、「打ち出の小槌」から着想した、AI で何でもたたき出す魔法のハンマーを意味している。

　富士通の AI 技術の特徴には大きく 3 点が挙げられる。1 点目は、顧客の膨大な企業内データからの知識を活かすエンタープライズ生成 AI と、生成 AI の回答が法令や企業規則などに準拠しているかどうかを監査する生成 AI トラスト技術。2 点目は、ヒューマンセンシング技術や因果発見技術など世界最高レベルの AI 技術と、スーパーコンピューターや量子技術を用いた世界最速レベルの計算技術の融合。3 点目は、世界中のあらゆる業種において 7000 件以上もの AI ソリューションの導入実績を有することである。

　Fujitsu Kozuchi では 7 つの領域において AI 技術が構成される。

① Fujitsu Kozuchi Generative AI
　　情報漏洩のない企業向け安全な生成 AI

② Fujitsu Kozuchi AutoML
　　データサイエンティストでなくても AI モデルの設計、構築、調整を行える自動的な機械学習

③ Fujitsu Kozuchi Predictive Analytics
　　様々なデータを活用して将来予測をより正確に行う。高精度な需要予測や自動チューニングが可能

④ Fujitsu Kozuchi for Vision
　　人間や物体の姿勢、形状、動き、文字認識など、光学機器からの入力情報をデジタル変換して認識、分析、判断

⑤ Fujitsu Kozuchi for Text

　　テキストを自然言語処理技術で加工、分析

⑥ Fujitsu Kozuchi AI Trust

　　AI の学習データや判断の公平性を検証。AI 倫理・AI 品質・AI セキュリティーの実装、利用者の AI リテラシー向上支援

⑦ Fujitsu Kozuchi XAI

　　AI が出力した結果より因果関係を発見、説明

第 7 章

変化に強い
分散、疎結合型アーキテクチャーで
全面刷新

メインフレームを中心としたレガシーシステムでは、初期の情報システム開発以降、数十年もの年月で繰り返し改修が重ねられている。そのため、アプリケーションやデータが複雑な呼び出し関係となっているシステム全体が一枚岩のモノリシックな状態であることが多く、アプリケーションの改修やトラブル発生時の影響がシステムの広範囲に及んでいる。このモノリシックな状態から、疎結合に分割されたシステム構造へと抜本的なアーキテクチャーの見直しを図り、俊敏性と回復性を高めていくべきである。

本章では、リビルドを含めた全面的なシステム刷新を行っていく際に検討していくべき、変化への柔軟性が高く、トラブルへの耐久力を要する情報システムへの指針となるアーキテクチャー変革について取り上げていく。

アーキテクチャーの見直しに向けて、採用を奨励する要素技術、設計・開発のプロセス、ヒントとなる考え方を示していきたい。

1 情報システムの俊敏性と強靭性を強化するアプローチ

1 密に結合したレガシーアプリケーション構造の課題

　メインフレームや UNIX で構成される情報システムは、20 年以上前に業務アプリケーションを新規構築し、基本的な機能や構造を変えることなく、機能追加や修正を繰り返しながら現在に至っているケースが多い。この結果、レガシーシステムとして課題を有している状態になっている。それぞれの業務機能を構成するアプリケーションやデータは、密な結合関係（参照関係や呼び出し関係）を持った、モノリシック（一枚岩・ひとかたまり）な状態になっている。サブシステムとして業務区分ごとに境界線を設けてはいるものの、サブシステムをまたがったアプリケーションの呼び出しやクロスしたデータへのアクセス関係があり、実態はすべての機能が混然一体となったモノリシックな構造のシステムとして稼働している。

図表7-1 モノリシック（一枚岩）なレガシーシステムの構造

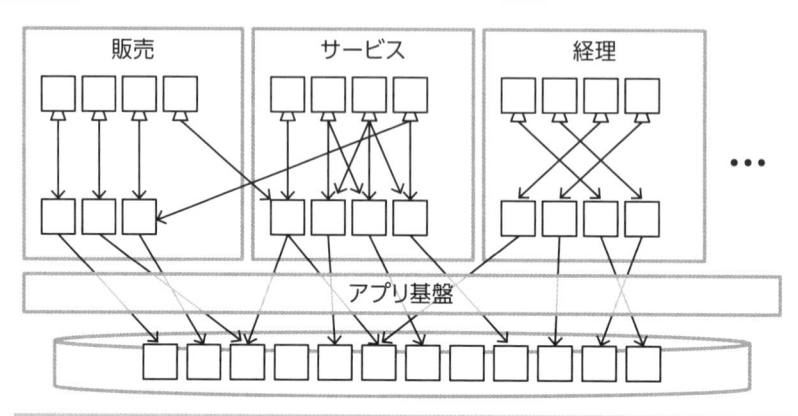

モノリシックな構造＝密な結合関係

　このモノリシックなレガシーアプリケーションの問題点は、機能追加や修正に多大なる労力を要していることである。例えば、ビジネスの取り扱い変

更や法改正への対応で既存のデータベースにあるデータ項目の意味を変更する場合に、様々なアプリケーションで同じデータ項目を参照していることから影響箇所が広範囲にわたるケースがある。プログラムへの影響箇所をすべて調査して特定し、修正内容がそれぞれの箇所のビジネスロジックに悪い影響を及ぼさないことの確認が必要だ。そのうえで影響を及ぼす場合は回避ロジックの手を加え、あらためて影響がないかのテストを行うわけである。

　この影響箇所分析を手助けする便利なツールも存在するが、最後は人手に依存する確認工程も多く、どうしても多大な時間とマンパワーが必要となり、コストもかかることになる。実際、レガシーシステムにおける改修サイクルは、企画→影響分析→開発→リリースまで1年を要するケースもある。環境変化やビジネスモデル変革に即応できるよう、情報システムの俊敏性（アジリティー）を高めるために、モノリシックな状態から是正すべきである。

　また、このようなモノリシックな状態は、一部の箇所でトラブルが発生した場合、密接に絡み合っているがゆえに、全体にトラブルが波及する。昨今のシステムトラブルに起因したビジネスプロセスの停止や公共サービスの停止は、大きな経営問題や社会問題に直結する。速やかに回復・復元ができ、耐久力を要するシステムのレジリエンスを実現するためにも、モノリシックな状態からいち早く脱却すべきなのである。

　ちなみに、このようなモノリシックな状態をより具体的にあぶり出し、これを可視化する方法については、第3章の業務・資産可視化にも記載しているのでご一読いただきたい。

2 目指すべきモダンなアプリケーション構造は分散疎結合型

　モノリシックで密に結合されたアプリケーション構造の課題を解決する方法として、分散疎結合のアーキテクチャーが昨今のトレンドである。モノリシックな状態から小さな単位に分割し、分割された単位の中にビジネスロジックやデータが内包されることで独立性を高める。この小さな単位同士は、決められたインターフェイスで接続することで協調的に動作させてアプリケーションを実現する。これが疎結合型のアーキテクチャーたるゆえんである。

この小さな単位の中において、改修やトラブルの影響を局所化する考え方であり、新たな機能を付け加える場合は、小さな単位として追加して、既存の機能との接続を行っていく。この疎結合なアーキテクチャーは、一連のアプリケーション群や、役割を分割したサーバーといった要素間の結び付きを、互いの依存関係、関連性を弱め、要素間の独立性を高めて協調動作させるシステム構造を実現できるため「分散疎結合型」のアーキテクチャーと称される。

図表7-2 小さい単位で独立性を高める分散疎結合アーキテクチャー

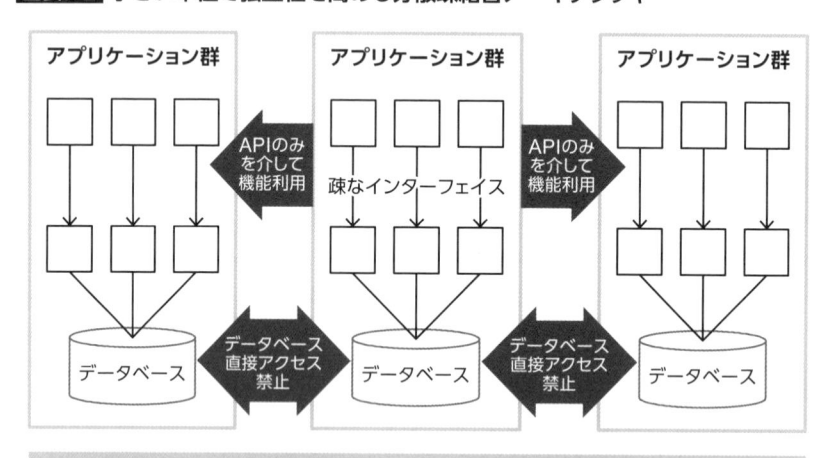

　そもそも「アーキテクチャー」とは、情報システムを形作る設計思想と、その設計思想に基づいて構築されるシステムの論理的構造の意味である。分散疎結合型のアーキテクチャー採用により、様々なメリットを享受できるが、考慮すべき点としては設計・開発の難易度が高いことが挙げられる。既存のレガシーシステムのしがらみを排除し、ゼロベースで構想できる力を持ち、システム全体のアーキテクチャーデザインを描けて、設計・開発をリードできる、アーキテクト思考を持つ人材が必要不可欠となる。

図表7-3 分散疎結合アーキテクチャーのメリットと考慮点

メリット	一部分の変更が他の要素に影響を及ぼす度合いが小さい	▶機能スコープや関係者の責任範囲が明確になる ▶分割した機能単位に段階的なリリースがしやすい ▶機能の不具合発生時に他への影響を分離し、かつ原因追究を行いやすい
	将来にわたって陳腐化しない	▶高い互換性や拡張性を確保できる ▶デバイスの進化に柔軟に対応できる ▶クラウドなどの新しいデジタル技術の恩恵を最大限に受けられる
	機能を分散配置する自律システムとして構成できる	▶相手側のプラットフォームや内部実装を意識しない ▶相手側の分散システムがダウンしていても、依頼メッセージをキューイング（保留）する仕組みを講ずることで業務処理を継続できる ▶外部システムからの干渉を受けずに自システム内のリソースを自己判断で制御できる
考慮点	設計・開発の難易度が高い	▶疎結合の要素を切り出す設計やシステム全体設計を統治する力量が求められる ▶既存システムの延長線の考え方を払拭できず、資産流用に縛られると最適設計につながらない ▶要素間の連携や通信による負荷が大きく、性能が劣化するマイナス点を解消させる必要がある

3 分散疎結合アーキテクチャーの代表は「マイクロサービス」

　分散疎結合型のアーキテクチャーの代表格としては、マイクロサービス（micro service）が挙げられる。独立した小さな単位を「サービス」として定義することで、この小さなサービスを組み合わせてアプリケーションを開発する。システム間のサービスを疎な関係で接続することで柔軟なスケールアップを可能とするソフトウェア開発手法のアーキテクチャーだ。

　サービスはAPI（Application Programming Interface）を持ち、軽量なメカニズムを通じて連携するため、分散、疎結合型のアーキテクチャーであるとも言える。

図表7-4 モノリシックとマイクロサービスの概念の対比

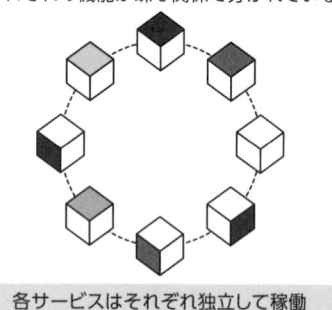

従来のシステム	マイクロサービス
それぞれの機能が密に関係し、モノリシック（一枚岩、ひとかたまり）な状態である	独立した最小の単位（マイクロサービス）で、それぞれの機能が疎な関係で分かれている
すべての機能が1つのシステムとして稼働	各サービスはそれぞれ独立して稼働

出所:Ridgelinez

　サービス同士の依存関係が少なくなるように設計することで、マイクロサービスは次のような特徴を持つようになる。

① **サービス単位のリリース**

　　サービスの独立性を高めることで、各サービスのリリースサイクルの調整を減らすことができる。サービス単位で機能強化ができるため、システムの改修スピードが向上する

② **サービス単位でスケール調整**

　　サービス単位で配置を決定できるため、必要な分だけ効果的なスケールアップ、スケールダウンが可能となる。業務のピークに合わせて柔軟に負荷をコントロールできる

③ **サービス単位の技術決定**

　　サービスごとに最適な基盤技術やプログラム言語を採用できるため、サービスの特性や開発体制、技術トレンドに応じて適切な技術を適用できる

④ **トラブル局所化**

　　特定のサービスが停止しても、システム全体へ波及しないため、トラブルが関係しない他のサービスによる業務の継続性が保たれる

マイクロサービスのアーキテクチャー採用による俊敏性と強靭性のある業

務システムの構造とすることで、後述するクラウドネイティブな技術との親和性が飛躍的に高まり、DX を実現するための強力な橋渡し役となる。

４ 次世代システム再構築に向けて目的を定めて取り組む

既存システムの構造的な問題から脱却するため、目指すべきシステム全体のアーキテクチャーが分散疎結合アーキテクチャーであり、その代表格としてマイクロサービスを紹介してきた。では、このアーキテクチャーを用いて、どのような次世代システムの再構築に取り組んでいくべきであろうか。

基本的には、業務・業種で共通となる普遍的かつ原理・原則となる目的を念頭に置きながら進めていくことが肝要である。あくまで情報システムが支えるビジネス観点での目標が根底にある点を明確にしておくことで、目的を見失わず、最適なシステムをデザインしていくべきである。

図表7-5 次世代システム更改の普遍的かつ原理・原則となる目的

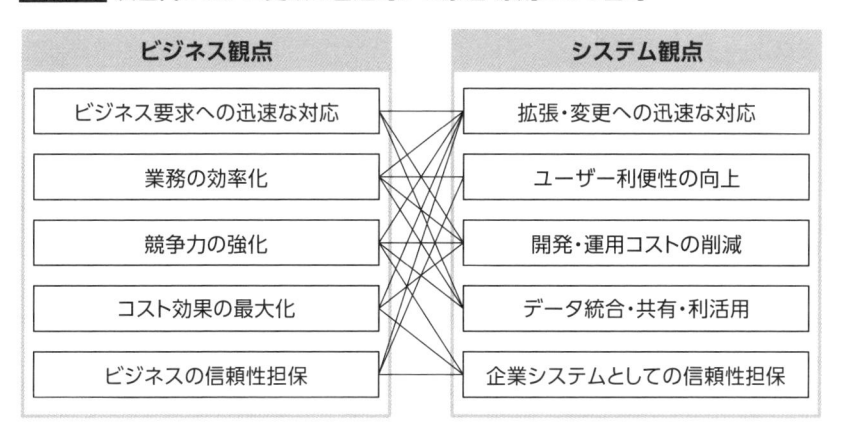

経営者は、テクノロジーやアーキテクチャー論は理解しないまでも、ビジネス観点とシステム観点の目的が達成できているかをレビューしていただきたい。実際の設計開発のフェーズでは、様々な課題発生やコンフリクトに直面する場面において、上記の原理・原則を立ち戻るべき出発点や判断ポイントとしていただきたい。

2 レガシーシステムから 新たなアーキテクチャーへの移行

❶ ロールアウトモデルによる段階的なシステム機能整備

レガシーシステムは企業のおける基幹業務の中核をなし、大規模なアプリケーションとデータの資産を保有して、大量のトランザクション処理を実行する。そのため、リビルドや再構築によるシステム開発の負荷とリスクを軽減する対策を講じなければ、様々な問題に直面することが予想される。

例えば、設計・開発のリソースを大量に確保できない問題や、短期間での多くの費用拠出を要する問題だ。万が一、再構築したシステムに不具合が生じたとき、企業のビジネスプロセスを停止させかねない問題をはらんでいるからである。

そこで、再構築するシステムをいくつかのパートに分割し、新しく採用する技術やアーキテクチャー、そして、アプリケーション群を段階的に開発・展開していくロールアウトモデルで、レガシーシステムから安全確実にモダナイゼーションを進めていくことを検討していただきたい。

まずは、レガシーシステムをはじめとする既存のモノリシックなシステムには原則として手を加えずに、段階的にマイクロサービスの機能へ置き換える。レガシーシステムのモノリシックな機能がすべて次世代システムの機能に置き換えられた段階で、レガシーシステムを停止するという考え方である。この段階的なロールアウトモデルを、マイクロサービスを適用して考える「Strangler Application（ストラングラーアプリケーション）」というデザインパターンがある。これを応用してレガシーシステムからの段階的なモダナイゼーションを実現するアーキテクチャーを考えていく。

Strangler Application ではモノリシックなシステムからサービス化できる部分を抜き出して、残るモノリシックなシステム機能と新たなサービス化された機能とに振り分けながら利用者に提供していく。利用者が扱う部分には Strangler Façade（ストラングラーファサード）と呼ばれる振り分けの機

能を、API Management や Web のリバースプロキシーなどのテクノロジーを駆使して整備する。

図表7-6 Strangler Application:モノリシックからサービスへの段階移行

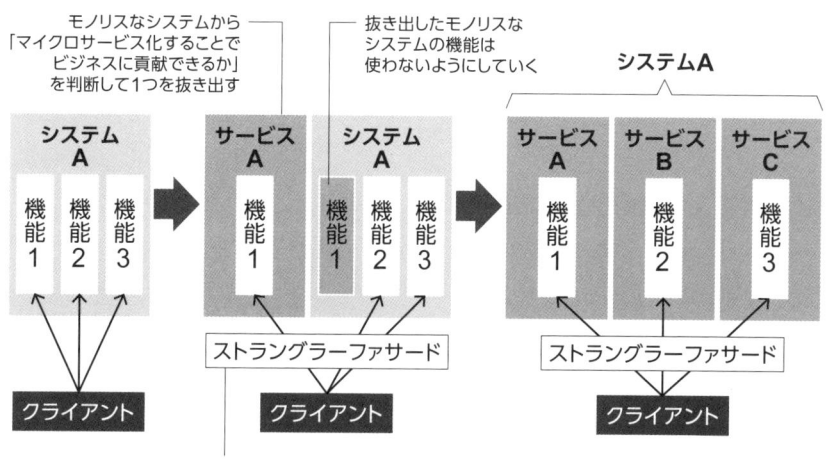

API Managementやリバースプロキシーなど

2 次世代システムへアーキテクチャーを移行するシナリオ

AsIs のレガシーシステムから Next ステップを経て、段階的に ToBe となる次世代システムにアーキテクチャーを変遷させながらデジタル化を推進していくための現実的なシナリオを考えていく。ここでは移行先のターゲットとなるプラットフォームは、クラウドシステムを想定する。

次世代システムの全体のアーキテクチャーは大きく分けて次の領域の組み合わせで考えていきたい。

- **安定領域**

    コア業務の中でも環境変化の影響を受けにくく、費用対効果の観点からレガシーシステムに依存している部分のみを撤廃し、モノリシックなアプリケーション構造で利用を続ける領域

- **成長領域**

    環境変化の影響が大きく、付加価値の向上のために積極的なビジネスプロセスの変革が求められるため、マイクロサービスのアーキテクチャーへ

の構造変更に挑戦して革新を続ける領域

- **データ利活用領域**

  データドリブンでビジネス成長への変革を支援する領域。次の3つの観点で改革を行う。

  ① Management Transformation

    データに基づく迅速な意思決定で経営を改革

  ② Operational Transformation

    より多くのデータを活用し、予測精度向上など現場業務を改革

  ③ Cross Industry Transformation

    企業の壁を超えたデータ活用で業界や社会を改革。データ利活用につなげるため、サイロ化されていた企業内データをマスターデータとして一元的に管理・統制するMDM（Master Data Management、P.64 コラム参照）も指向していく

- **統合サービス基盤**

  モノリシックとマイクロサービスとを振り分けるストラングラーファサードの機能のほか、各領域や外部システムと疎に連携させるGateWay機能としてAPIやコネクター、非同期メッセージといった様々なインターフェイスを統合的に提供する。

段階的な移行ロードマップを示していこう。ファーストステップは、レガシーシステムで稼働しているモノリシックな業務システムを、クラウドシステム上にモノリシックな状態のままでクラウドリフトしていく。モノリシックな業務アプリケーションは、これまで解説してきたCOBOLを活かすリホストや、Javaに変換するリライトを選択する。

データ資産はレガシーなデータ構造からクラウド上のリレーショナルデータベースとして構築された状態である。初期段階でレガシーシステムの複雑性を撤廃し、クラウドにリフトアップさせるNext（経過目標地点）の計画と位置付けることができる。

次に、クラウドリフトされたモノリシックなシステムの状態から、環境変化の影響を受けやすく、継続的に付加価値向上へ挑戦していくビジネスプロ

セスをサービス化により切り出していく。このマイクロサービスのアーキテクチャーを採用した成長領域の整備に併せて、モノリシックな状態で残す安定領域を振り分けていく統合サービス基盤、データ利活用を見据えたマスターデータ管理の基盤を整備していく。

図表7-7 ToBeとなる次世代システムの全体アーキテクチャー

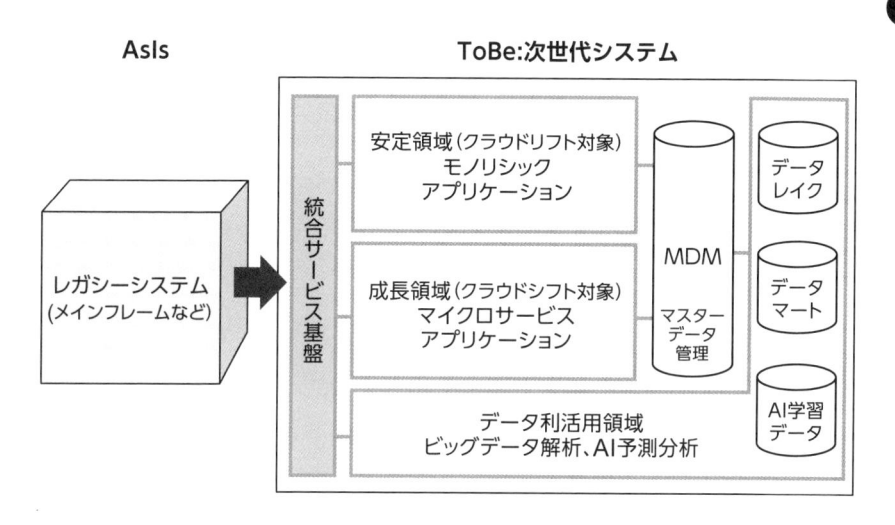

マスターデータ管理の基盤整備では、データのモデリング、クレンジング、デジタル化に貢献する新規データ項目の追加などを実施する。整備に当たっては、データ利活用領域としてデータウェアハウスや AI 分析を実現するソフトウェアパッケージ、クラウドベンダーが用意するサービスを活用する。

3 クラウドネイティブな技術特性をアーキテクチャーに活かす

革新性と競争性を持ち、強靭性に優れたマイクロサービスにシステム構造を変えていくときは、最新のテクノロジーを活用したクラウドネイティブなアーキテクチャーへと変革を図っていくべきである。

ここでは、API による緩やかな関係性で接続可能なマイクロサービスを、どのようなクラウドネイティブな技術特性と併せてアーキテクチャーとして実装していくのか、技術要素を紹介していく。

- **サービスメッシュ**

サービスメッシュとは、マイクロサービスに組み込まれるインフラストラクチャーである。プロキシとしてマイクロサービスを呼び出す際のサービス間の通信手順を代行し、通信トラブル時の振る舞いや、サービスへの高負荷発生時の対策などを行う。サービスメッシュを利用することでマイクロサービス開発者は、ビジネスロジックの設計・開発に注力できる。

- **コンテナ**

コンテナとは、クラウドコンピューティングにおける最小のコンピューターユニットを提供するものである。クラウドのコンピューターノード（仮想コンピューターなど）や OS を含むことなく、これらの上で稼働させるミドルウェア、アプリケーション、そしてアプリケーションを動作させるライブラリーや設定情報を、ひとまとめにしたコンテナのようなイメージでパッケージングができる。コンテナが、1 つのコンピューターシステムのように独立性を保ちながら俊敏に起動できる仕組みを提供する。

マイクロサービスごとの動作環境をコンテナで構築することで、マイクロサービスを新規開発したり、改修する際にコンテナ形式で検証済みのマイクロサービスとして安全なリリース作業が行えたりする。万が一、マイクロサービスに不具合があっても以前のコンテナイメージへ俊敏に戻すことも可能である。また、特定のサービスの利用頻度が多くなれば、コンテナの多重走行を管理するオーケストレーションと呼ばれる機能を用いて簡単にスケールアップができる。

- **サーバーレス**

コンテナが、コンピューティングを意識した手法であるのに対して、サーバーレスは、コンピューティングを意識させずにサービスをクラウドシステム上で実行する形態である。サーバーレスは、サービスのプログラムをクラウドベンダーにアップロードし、呼び出されるたびにダイナミックにサービスを実行できる。非常に安価な料金設定で、使ったサービス分だけ請求される従量課金制である。

サーバーレスとコンテナの違いは、サービスの実行時間の制約である。

サーバーレスはクラウド利用者によるコンピューター資源の共同利用であるため、コンピューターリソースを占有し続けないよう、クラウドベンダーごとに違いはあるが、1つのサービスの最大実行時間は10分前後に設定されている。長時間のサービスを実行する場合は、コンテナの方式を採用することとなる。

4 DevSecOpsにより継続的に攻めのモダナイゼーションを推進

クラウドネイティブな技術特性を活かし、マイクロサービスによる分散疎結合型のアーキテクチャーを実装することで、情報システムが提供するビジネス価値を迅速かつ継続的に向上させる攻めのモダナイゼーションを実践すべきである。そのためには、ソフトウェア開発の手法である、DevSecOpsを適用する。セキュリティーが確保されたマイクロサービスの新規開発や改修を、自動化の仕組みを最大限に取り込んでアジャイル開発を行いながら、目指すべき情報システムの姿へ継続的に改善していく。

図表7-8 DevSecOpsによる開発・運用・セキュリティー確保を統合実施

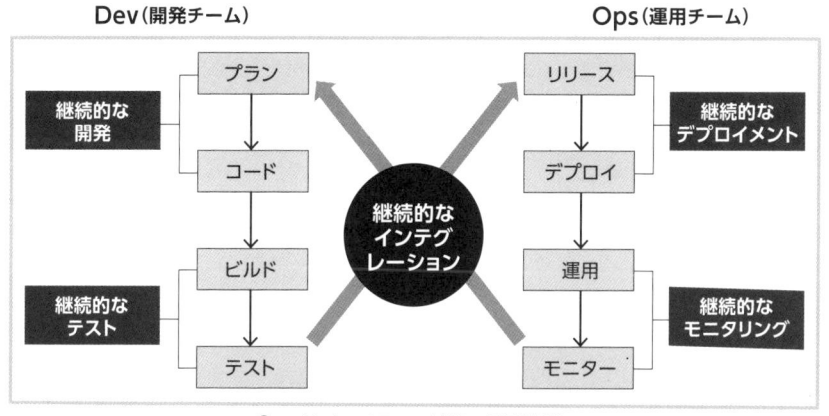

DevSecOps を一言で表現すれば、「開発チーム (Development) と運用チーム（Operations）が協力し合い、ツールやプロセスにより、高い頻度で、開発・テスト・デプロイメント・モニタリングを、セキュリティーを密に連

携させて、継続的に実施していくこと」である。この考え方の根底には、開発チーム（迅速な機能開発）と運用チーム（システム全体の安定稼働）の間で生じる対立関係を調整し、両者が協力し合うことで円滑なシステム開発とシステム運用を実現していく企業文化を醸成につなげる狙いがある。

「攻めのモダナイゼーション」を実行していくために、全社一丸となって取り組んでいくための土台づくりとも言えるだろう。

具体的には、開発と運用のコラボレーションによりスムーズに開発を推進し、CI/CD（継続的インテグレーション／継続的デリバリー）などのツール導入により品質確保と生産性向上を図り、迅速に機能をリリースして顧客・市場からのフィードバックを得ていく。

DevSecOps における代表的な支援ツールを下表にまとめておく。クラウドシステムでは、オープンソースソフトウェアを中心とする CI/CD のパイプラインを自動化するツールが統合的に利用できるようになっている。これらの仕組みを活用して、マイクロサービスを用いた成長領域の開発・運用、さらには DX の実践へ機動的に取り組んでいきたい。

図表7-9 DevSecOpsを支援するツール一覧

ツール分類	ツールの概要説明
CI/CD ツール	継続的インテグレーションと継続的デリバリーを実現する自動化ソフトウェアで、バージョン管理ツールと連携し、ソースコードの変更を察知して、ビルド・テスト・環境への配備などのパイプラインを自動的に実行して結果を開発者に通知する
バージョン管理ツール	ソースコードを世代管理しながら構成管理していくライブラリー
インフラ自動構築ツール	サーバーのシステム設定、ミドルウェアやアプリケーションのインストレーションをコードで記載して自動化・再現化する
チケット管理ツール	ソースコードのテストで発見したバグなどのイシュー案件情報をチケットとして発行・管理し、案件の終了までトラッキングするシステム
セキュリティー検査ツール	ソースコード上にセキュリティーホールがないか検査するツールであり、コード記載内容の確認する静的解析と、実行して挙動を確認する動的解析がある

3 ドメイン駆動設計で変化に強い
サービスを検討する

■1 ドメインを起点とした変化に強いサービス構造を考える

　将来的な変化に強い分散疎結合アーキテクチャーのアプリケーションを検討する際には、「ドメイン＝システムで解決したい業務領域」にフォーカスしたドメイン駆動設計を用いて検討を進めることを提案する。ドメインにより、現場業務部門が実現したい業種・業態そして個別ニーズ（独自のビジネスプロセスやビジネスモデル）を開発者が正確に理解。ここから得られた業務の知識に集中して、開発者はビジネスの価値を最大限に引き出すビジネスロジックを考え尽くすことができる。

　ドメインにおける業務仕様やビジネスルールは、図や文書で表現する必要があり、これをドメインモデルという。ドメインモデルは関係者の共通言語であり、共通理解の基盤となる。ドメイン駆動設計では、ドメインモデルを表現するモデリング手法に特段の定めはないが、システム関連図、ユースケース図、ドメインモデル図などが挙げられる。

　ここからは、ドメイン駆動設計により分散疎結合アーキテクチャーへと落とし込んでいく実践プロセスを示していく。初めに、業種・業態における原理・原則に基づいて、必要最小限のユースケース図に整理していく。これは、レガシーシステムでの現行アプリケーション仕様など現状にとらわれることなく、ビジネス遂行に必要な変化に強いマイクロサービスを導き出すためである。例えば、小売業のユースケースを抽出する原理・原則は次のとおり定義することができる。

① 商流として必要なビジネスプロセス

② 商品の品質に関わるビジネスプロセス

③ 顧客からの問い合わせや苦情対応に関わるビジネスプロセス

④ 会計のために必要なビジネスプロセス

⑤ 法令準拠のために必要のあるビジネスプロセス

⑥ 会社経営に必要不可欠なビジネスプロセス

このように、あらかじめ定義した原理・原則により業務上の必要最小限の
ユースケースを抽出して、スリムでシンプルな機能定義を行うことができ
る。そして抽出されたユースケースをベースに機能拡充の必要性を段階的に
見極めていくことができるのである。

数多くのユースケースを抽出したら、次にこれらを束ねたサブドメインに
分割していくフェーズに移る。特に大規模なシステムでは、密結合にならな
いように、ユースケースの間に境界を設けるコンテキスト（文脈、意味）を
定義して、変更を局所化できるようにサブドメインによりドメインを小さく
分割していく。

このときデータベース構造はサブドメイン内でのアクセスに限定されるよ
うにしておく。こうして、ビジネスロジックとデータを小さなサブドメイン
が内包するように設計していく。

サブドメインの関係性をできるだけ疎にすることで、システム実装時は、
API連携に限定することが可能となりサブドメインの独立性が高まる。サブ
ドメインを形作るユースケース間を境界付けるコンテキストとは、言い換え
れば「分割基準」であり、とても重要となる。

① 業務ごとに成長・変化・特異性があるユースケースをまとめる

② 業務にかかわらず共通化可能なユースケースをまとめる

③ さらに変化が少ないユースケースは切り出してまとめる

このようなドメイン駆動設計を用いることで、成長や変更に対する影響範
囲をサブドメイン内に局所化できる。その結果、変化に対して素早く・大胆
に対応できる。

ある大規模なレガシーシステムからの刷新プロジェクトでは、1000個を
超えるユースケースが抽出され、これを50個程度のサブドメインに分割し
た事例がある。独立性の高いサブドメインが設計できることで、システム実
装時におけるマイクロサービス化にかなり近づけられたわけである。

2 アプリケーションをレイヤー分割してドメインの独立性を保つ

　実際のアプリケーションのソースコード上には、純粋なビジネスロジックに関するコードが非常に少なく、関連したソフトウェアを制御するコードが大部分を占めている。代表的なものは、ユーザーインターフェイスでの入出力機能、アプリケーションを動作させるための管理機能、データベースへのアクセスやネットワークへのアクセス機能だ。一般的に、モノリシックなアプリケーションでは、ビジネスロジックとソフトウェアの制御が混然一体となってコーディングされている。様々なコードが混ざっているために、変化が多いビジネスロジックのコードを読み解いて変更する際に、解読に時間を要し、ほかのコードへの影響までも広範囲に検討し、最終的には十分なテストやリリース時の段取りの多大な労力が必要になる。

図表7-10 レイヤードアーキテクチャーにおける4レイヤーの役割

レイヤー	役割
ユーザーインターフェイス レイヤー	ユーザーからの指示を解釈して、ユーザーに対して情報を表示・印刷する
アプリションレイヤー	アプリケーションの動きを管理する。トランザクションの開始や終了もコントロールする。ビジネスロジックは持たない
ドメインレイヤー	ドメイン（ビジネスロジック）を含むレイヤーであり、業務アプリケーションの中核をなす
インフラストラクチャー レイヤー	データベース、ネットワーク、ユーザーインターフェイスなどインフラストラクチャーの機能を補完する各レイヤーのライブラリーとして機能する

　このビジネスロジックと関連するコードが混ざることで生じる複雑性を回避するために、ドメイン駆動設計では、レイヤードアーキテクチャーを採用している。アプリケーションのソースコードを役割に応じたレイヤー（階層）に分割し、ビジネスロジックとなるドメインレイヤーに他のコードが混ざることを回避してビジネスロジックの独立性を高める設計手法である。

　ドメイン駆動設計では一般的に、ユーザーインターフェイスレイヤー、ア

プリケーションレイヤー、ドメインレイヤー、インフラストラクチャーレイヤーの4つのレイヤーを用いて設計を行う。サブドメインの最小単位のユースケースから導かれたビジネスロジックは、ドメインレイヤーに配置する。

　ドメインレイヤーは、ドメイン設計におけるドメインの核心であるビジネスロジックのコードのみに開発者が注力できるようにする。すなわち画面表示制御、トランザクション制御、データベースへのアクセスなどアプリケーションとして動作させるために必要なコードを記載させないよう、ドメインレイヤーの役割を明確にする。各レイヤー間の相互作用はルールとして確立し、レイヤー間の役割が密接に交わらないようにすることで可読性が向上し、変更要件をレイヤーの範囲内に影響をとどめる。

3 ドメイン駆動設計によるサービスとアプリケーションの構造化

　説明してきたドメイン駆動設計の技法を組み合わせ、マイクロサービスアーキテクチャーでの設計・開発を進めるプロセスの全体像を示す。

　サービスの業務要件は、全体ユースケース図で業務の本質理解と開発スコープの関係者間合意を図り、コンテキスト（分割基準）に基づきサブドメインへと分割設計して、ユースケース仕様の詳細化を行う。

　アプリケーションのアーキテクチャーは、大きく3点、ユビキタス言語モデルによる専門用語の定義、概念データのモデリング、アプリケーション構造のレイヤー定義を行う。ユビキタス言語モデルとは、ドメイン駆動設計での重要な要素であり、特定の業種・業態のシステム開発プロジェクトにて関係者全員が共通して理解する専門知識を簡潔で明確な用語で定義したものである。例えば、金融システムであれば、口座、預金者、金融取引、投資、リスク管理など、金融に関する専門用語を定義する。

　概念データのモデリングでは、サブドメインごとに独立性が保たれ、他のサブドメインに影響を与えないデータベース構造を検討する。アプリケーション構造のレイヤー定義では、採用するテクノロジーやアプリケーションフレームワークを念頭に置いて、前項で述べたユーザーインターフェイスレイヤー、アプリケーションレイヤー、ドメインレイヤー、インフラストラクチ

ャーレイヤーの 4 つのレイヤーごとに責務を定義し、ビジネスロジックが散らばらないようドメインレイヤーに集約するよう検討する。

　Java などのプログラムソースコードへの実装を意識したクラス設計に先立ち、業務要件の検討結果と、アプリケーションアーキテクチャーの検討結果をインプットして、ロバストネス分析を行う。ロバストネス分析とは、想定外の状態やエラーが発生した場合でも、システムが正常に動作し続けられるかをモデル分析することである。システムの信頼性を向上させ、リスク評価を行い、サービスを定義した業務要件やアプリケーションのアーキテクチャーへの初期段階での設計改善につなげる。

▌4▐ 次世代システム再構築での目的達成への対応方針と技術的施策

　本章の冒頭で示した「次世代システム更改の普遍的かつ原理・原則となる目的」における目的達成への取り組み内容を最後に整理する。

　あらためて、ビジネス観点の 5 つの目的である、ビジネス要求への迅速な対応、業務の効率化、競争力の確保、コスト効果の最大化、ビジネスの信頼性確保については、業種・業態を問わない普遍的な原理・原則としての達成事項であると言える。

　このビジネス観点の目的を下支えするために、システム観点の目的達成が位置付けられる。マイクロサービス化やクラウドネイティブ化、DevSecOps への取り組み、ドメイン駆動設計の推進などは、システム観点の目的を達成するために技術的施策と捉えていきたい。次に、システム観点の 5 つの目的に沿って、対応方針と技術的施策を列挙する。

　① 拡張・変更への迅速な対応

　　【対応方針】

　　▶変化対応力が必要な基幹システムを分散・疎結合な形態にモダナイゼーションする

　　【技術的施策】

　　▶最適なソフトウェアアーキテクチャーの導入（マイクロサービスアーキテクチャー、ストラングラーアプリケーションなど）

▶最適なソフトウェア設計手法の導入（ドメイン駆動設計など）

▶マイクロサービスの配置方法にコンテナやサーバーレスを採用

② **ユーザー利便性の向上**

【対応方針】

▶最新の UX/UI によるユーザーエクスペリエンスを実現

▶業務サービスのラインナップ拡張を可能とする

【技術的施策】

▶ユーザーの利用環境に柔軟に対応するために UI の操作性とバックエンドのビジネスロジックを分離する

▶ UI のユーザービリティーを向上させるために SPA（Single Page Application：HTML 単独で画面上での動的な動きを実現 ）を採用

▶バックエンドを WebAPI にすることにより幅広いクライアントからの利用を可能とする

▶マイクロサービスの配置方法にコンテナやサーバーレスを採用

③ **開発・運用コストの削減**

【対応方針】

▶ユースケース単位での段階的な開発

▶開発者にインフラを必要以上に意識させない仕組みとする

【技術的施策】

▶ DevSecOps を実現する基盤整備にツールを導入

▶頻繁な変更によるレベルダウン防止やブランチ開発（同一ソースコードに対するメインの開発から分岐した並行開発と完了後にメイン開発へ統合）のためのソースコード構成管理の導入

▶テスト用に模倣されたモックサービスへの切り替えによる、テスタビリティー（テストのしやすさ）向上のためのインフラ設定構成管理の導入

▶ CI（継続的インテグレーション）導入によりアジャイル開発の支援

▶ CD（継続的デリバリー）導入によるリリース運用の支援

▶自動テスト（単体、コンポーネント、機能の一部）の支援

▶リリース管理、パッケージ管理の導入

④ **データ統合・共有・利活用**

【対応方針】

▶企業や組織グループ内で利用可能なデータを多くのシステムから利用可能にする（データ民主化）

【技術的施策】

▶ DataLake（あらゆる種類・構造・形式・容量のデータの一元的な格納場所）を用いて、システム内に分散している生データを集め、企業や組織グループ内で利用可能な状態にする

▶ データの収集にはイベント駆動サービスや CDC（Change Data Capture：データベースの変更をリアルタイムで検知し、別システムに伝搬する技術）などを用いてデータ発生元への影響を局所化する

▶ DataLake やデータウェアハウスから WebAPI を開発し、幅広い利用者がデータを利用可能にする

⑤ **企業システムとしての信頼性担保**

【対応方針】

▶堅牢なセキュリティーの実現

▶繁忙期にダウンしない、予期せぬ災害時にもデータが保全され速やかに復旧できる設計とする

【技術的施策】

▶セキュリティー対応機能・体制・仕組みが整ったクラウド基盤の採用

▶最適なソフトウェアアーキテクチャーの導入（Circuit Breaker など）

▶ゼロトラスト（ネットワーク内のあらゆるデバイスやユーザーを社内といえども信用しない）の考え方に基づく堅牢なセキュリティーの実現

▶綿密なロバスト設計（想定外の状況やエラーが発生しても、システムが正常に動作し、その機能を維持できるような設計）やレジリエンスの追求による耐久性に優れたシステムの実現

▶地理的に離れた場所へのディザスターリカバリー（事業継続対策）

Column

クラウドコンピューティングのサービスモデル

　クラウドコンピューティングとは、サーバー、ストレージ、ネットワークなどのコンピューティングリソースを、インターネットを通じてオンデマンドで提供する事業者サービスで、雲（Cloud）にたとえて表現したものだ。

　自前でコンピューティングリソースを保持するオンプレミスに対して、

- 管理負荷軽減と必要なリソースだけ利用することによるコスト削減
- ビジネスの成長に応じて拡張できる柔軟性の確保
- 急激なトラフィック増加にも即応できるスケーラビリティーの向上
- 複数のデータセンターに分散化でき、災害や障害に強い可用性の確保
- ハードウェアやソフトウェアの最先端技術へのアクセシビリティー

が主なメリットである。図表7-11は、クラウドコンピューティングで提供されている代表的な7つのサービスモデルである。これらを包括する概念として、「X(=Anything) as a Service」（XaaS）と称する。

図表7-11 クラウドコンピューティングで提供されているサービスモデル

サービスモデル	提供サービス
IaaS (Infrastructure as a Service)	サーバー、ストレージ、ネットワークなどのインフラストラクチャー
PaaS (Platform as a Service)	開発・実行環境、ミドルウェア、データベースなどプラットフォーム
CaaS (Container as a Service)	コンテナのオーケストレーション（調和型動作）プラットフォーム
FaaS (Function as a Service)	サーバーレス実行環境
SaaS (Software as a Service)	特定のアプリケーションソフトウェア
DBaaS (Database as a Service)	データベースサービス実行
DaaS (Desktop as a Service)	デスクトップ環境

第8章

アジャイル開発で
変化への対応能力を上げる

企業競争力を高めるためのビジネスモデル
の構築は、デジタルイノベーションを活用した
革新的なソフトウェアの開発と言っても過言
ではない。ビジネス開発とソフトウェア開発を
同時に推し進める手法として、ウォーターフォ
ール開発は困難になってきている。プロジェク
トを開始する前にすべての要件が出そろって
いることを前提としているからだ。そこで本章
では、ビジネスアジリティー（外部環境変化に
対し俊敏性をもって対応できる能力）を高め
る情報システム開発の手法としてアジャイル
開発を取り上げる。

いま再注目を浴びているアジャイル開発の本
質を紐解くことで、ビジネスサイドが積極的に
関与する体制での実施における組織的な学
習効果のメリットも享受していこう。具体的な
ビジネスアジャイルの実践方法としてスクラ
ムを解説するとともに、アジャイル開発の実践
経験がない企業に向けた富士通の伴走型サ
ービスの事例を参考にしていただきたい。

1 ビジネスアジリティーを高め デジタル社会での競争力を確保

1 新たなビジネスモデルを革新的なソフトウェアで実現

　変化の激しい時代においては、両利きの経営で企業の強靭性と成長性を確保していくことが求められる。この両利きの経営とは、既存事業を「深化」させることで、収益性と競争力を強固にさせて、新規事業を「探索」することで新たな収益源と成長領域を確保することである。

　情報システムの観点では、既存事業はレガシーシステムのモダナイゼーションを行い、従前のビジネスプロセスのボトルネックの改善と、データ活用による高度な分析と対策、顧客への付加価値の向上により、既存のビジネスモデルの高度化を図っていく。対する新規事業は、自社にも経験のない分野であり、新しい顧客に新しい付加価値を提供する新規のビジネスモデルの構築となる。

　昨今のデジタル社会においては、革新的な顧客体験やSXへの取り組みが、「革新的なソフトウェアの実装」により、AIを中心とするデジタルイノベーションを活用したビジネスモデルとして実現している。つまり「レガシーシステムの最適化」と「革新的なソフトウェアの実装」による攻めのモダナイゼーションが、両利き経営の実現には必要不可欠となるのである。

　ここで課題となるのは、企業内で誰も「革新的なソフトウェアの実装」によるイノベーティブな新規事業に取り組んだ経験がないこと。そして、ほかの企業を模倣すれば"二番煎じ"となって後塵を拝する結果になることだろう。模範となる事例や明確な解がない状況下で試行錯誤して解を作り出していく必要がある。

　革新的なソフトウェアをビジネスに実装する手法として近年、再注目されているのがアジャイル開発である。アジャイル開発は、一般には次のような方法で行われる。

　まず、組織の各メンバーが持つナレッジをフルに創発させ、ビジネスモデ

ルの仮説を立案。良質なアイデアを小さいソフトウェア機能としてスピーディーに市場へと展開する。続いて市場からの声や反応によるフィードバックを得て仮説を検証する。そこで得られた新たな課題に焦点を当てて対象市場や顧客を絞り込み、提供機能・サービスを拡張していく。仮説検証により、ビジネスモデルをレベルアップさせていくアプローチである。

図表8-1 両利きの経営を目指す攻めのモダナイゼーション

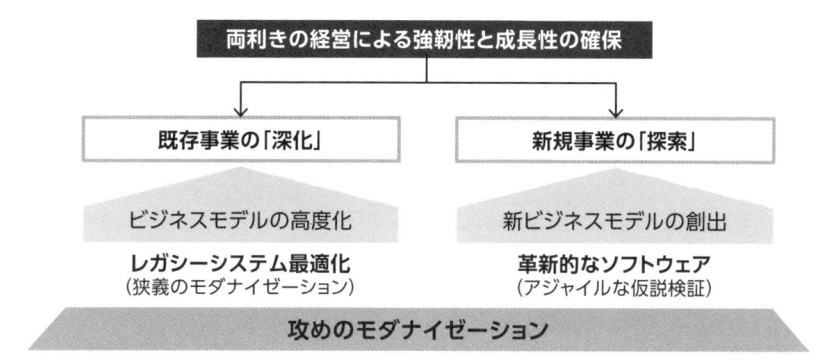

　当然ながら、ソフトウェア開発と展開の生産性を高めて、実際のビジネスでの利用に堪え得る品質を兼ね備えていることが前提である。このようなアジャイルな活動こそが、従業員のエンゲージメントの向上にもつながり業績アップへの好循環を形成していく。

2 イノベーティブな取り組みは初めからすべてを予測できない

　ソフトウェアの開発では、ウォーターフォールという手法が用いられることがある。ウォーターフォール、つまり「滝のように上から下へ流れていく」かのごとく、調査・企画、要件定義、設計、実装・試験、リリースといった各開発ステージの順序に従って直線的に進行するモデルである。各ステージが完了しない限り、次のステージに進むことができない。各ステージの成果物は詳細な文書として作成され、次のステージでの入力情報になる。

　このためウォーターフォール開発は、開発に入る前に最終形態を見通した「すべての解が設定され、その解を目指して開発する」手法であり、予測が

確実にできることが絶対条件となる。イノベーティブな新規事業のように結果が予測できず、トライ＆エラーを繰り返しながら、手探りで解を導き出していくソフトウェア開発には不向きである。

図表8-2 ウォーターフォール開発のメリット・デメリット

ウォーターフォールのメリット	ウォーターフォールのデメリット
■**明確なステージ構造** 各ステージが明確に定義されているため、進捗管理がシンプルにしやすい	■**柔軟性の欠如** 一度、次のステージに進むと前のステージに戻ることが難しいため、変更対応が困難
■**文書化を重視** 各ステージで詳細な文書が作成されるため、プロジェクトの理解が共有しやすい	■**後工程での問題発覚** 問題が後工程で発見されると、修正に多大なコストがかかる
■**段階的な進行** 各ステージが順序どおりに進行するため、全体像が把握しやすい	■**要求変更への対応力不足** 初期の要求定義が厳格であるため、途中での要求変更に対応しづらい

そこで、予測に頼らずに新たなビジネスモデルを企画・検討して、革新的なソフトウェアを開発するためには、アジャイル開発手法を取り入れていくべきである。アジャイル開発では、判明している解だけを開発・リリースし、運用中に判明した解からさらに、開発・リリースを数週間から1か月の反復期間を設けて繰り返していく。

この反復ごとに、ソフトウェアの機能拡充を継続していく反復増加型の開発プロセスとも言える。反復のサイクルは次の4つのステージから構成される。

① **要求**

　　反復期間内にどの機能を開発対象とするかを計画する。開発対象の機能ごとに、優先順位付けと規模見積りを実施する。

② **開発（設計・実装・試験）**

　　機能ごとに設計・実装・テストを行う。開発者は、設計専任・実装専任・テスト専任などの役割分担はなく、すべての役割をマルチで行う。

③ **リリース**

　　受入テストに合格した機能を本番稼働にリリースする。

④ 開発の終了

さらなる機能強化のために開発を継続するか、あるいは機能十分と見て開発を終了するかを、ソフトウェアを利用する顧客やビジネス責任者などビジネス視点により判断する。

図表8-3 ウォーターフォール開発とアジャイル開発の比較

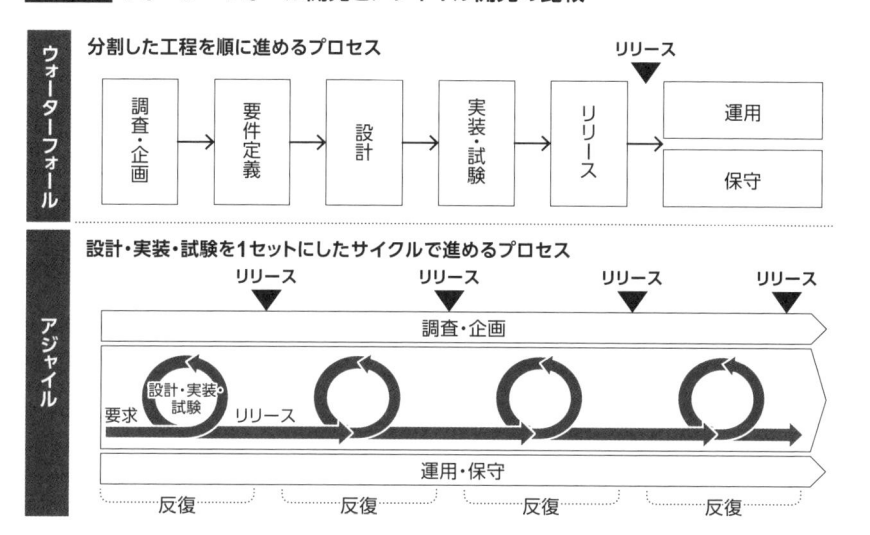

このように、アジャイル開発の初期では、顧客価値を高めビジネスに貢献するアイデアや発想を、小さなソフトウェアとして実装し、これを社内やテスト的な市場投入で評価する。新たな気付きや市場からのフィードバックをソフトウェアに反映し、アップデートを短期間で繰り返すことで確実なビジネス成果につなげることができる。

アジャイル開発は決して新しいものではない。2000年前後のダウンサイジングブームの時代から、スピーディーで柔軟性のある部門システムの開発手法として採用されてきた。これからは、DXやSXをエンタープライズレベルで機動的に実践していくための有力なメソトロジー（方法論）としてアジャイル開発を位置付けて、ビジネスモデルと情報システムを一体的に変革させながら、組織のケイパビリティー向上にも役立てていくべきである。

アジャイル開発が持つ変革を推進するパワーの本質を理解するために、有用な文書が「アジャイルソフトウェア開発宣言」だ。2001 年、当時のソフトウェア開発で活躍していた 17 人の専門家によりまとめられた。世の中には、スクラム（Scrum）やエクストリームプログラミング（XP）など、数々のアジャイル開発のメソトロジーが存在するが、いずれも、このアジャイルソフトウェア開発宣言を、公式的なマニフェストとして拠り所にしている。

図表8-4 アジャイルソフトウェア開発宣言

アジャイルソフトウェア開発宣言

私たちは、ソフトウェア開発の実践あるいは実践を手助けをする活動を通じて、よりよい開発方法を見つけだそうとしている。
この活動を通して、私たちは以下の価値に至った。

プロセスやツールよりも個人と対話を、
包括的なドキュメントよりも動くソフトウェアを、契約交渉よりも
顧客との協調を、計画に従うことよりも変化への対応を、

価値とする。すなわち、左記のことがらに価値があることを認めながらも、私たちは右記のことがらにより価値をおく。

Kent Beck	Martin Fowler	Jon Kern	Jeff Sutherland
Mike Beedle	James Grenning	Brian Marick	Dave Thomas
Arie van Bennekum	Jim Highsmith	Robert C. Martin	
Alistair Cockburn	Andrew Hunt	Steve Mellor	
Ward Cunningham	Ron Jeffries	Ken Schwaber	

© 2001, 上記の著者たち
この宣言は、この注意書きも含めた形で全文を含めることを条件に自由にコピーしてよい。

出所:Manifesto for Agile Software Development

「プロセスやツールよりも個人と対話を」とは、何よりも参画する人々の多様性と柔軟な発想から生まれる発言に耳を傾けて、より良いアイデアの創発を重視することに価値を置いている。アジャイル開発では、参画しているビジネスサイドのメンバーや開発者が一堂に会し、異なるバックボーンで培った様々なスキルや、違う立場での考え方や気付きを漏れなく最大限に引き出す。短時間でも濃密なコミュニケーションを行うことで、ビジネスの発展

に貢献する機能と実現する最適なソフトウェア要件を導き出す。

「包括的なドキュメントよりも動くソフトウェアを」とは、百聞は一見に如かず、目に見える実物のソフトウェアを準備することで評価や判断を行うことに価値を置いている。設計書で細部を定義して関係者間の頭でイメージを合わせるよりも、創発されたたくさんのアイデアから、顧客提供価値やビジネス貢献度に応じて優先順位を付けて、1 〜 2 週間、長くても 1 〜 2 か月の短期間で小さなソフトウェアを開発し、ビジネスの場面で稼働させてみる。そのうえで、ソフトウェアで達成したいことや利便性、有効性を評価して実証（仮説の検証）することにつなげる。

「契約交渉よりも顧客との協調を」とは、利害関係のあるビジネスサイドと開発者が協力し合い、信頼関係を築くことで最良のソフトウェアを一緒に作り上げることに価値を置いている。プロジェクトには、納期・予算・人的リソースなど様々な制約条件がある。ビジネスサイドと開発者、それぞれの制約条件を互いに譲り合い、調和を図りながら、アイデア創出とソフトウェア開発につなげる。

最後の「計画に従うことよりも変化への対応を」とは、固定された計画に縛られ、これを順守する硬直的な進め方ではなく、計画変更を含めて調整を図り、変化していく事実や要件に柔軟に対応していくことに価値を置いている。なお経営イノベーションに許されるコストと期間は経営計画で固定されているため、その枠組みの中で「変化するトレンドや気付き、優先順位や実施内容を、走りながら考えていく」ことでイノベーションにつなげていく。

❹ ビジネスサイドの深い関与とチームとしての組織的学習

ウォーターフォール開発では、開発開始前にビジネスの要求をすべて決定し、開発完了後に要求どおりのソフトウェアが実現できているかを、受入テストで判定する。対して、アジャイル開発では、開発期間中にビジネス要求の変更や追加を行い、短期間での繰り返し反復開発（イテレーション）し、受入テストで判定を行う。そのため、ビジネスアジャイル実践によるソフトウェア開発では、企業の各部門を巻き込むような検討体制の構築や、失敗を

許容するマインド、仮説検証を止めない予算配分などへの経営者の理解が必要となる。そして、開発者と常時同席できるビジネスサイドの代表者の濃密な関与が絶対的な必須条件となる。

　ビジネス価値を向上していくために企業にとって前例のないデジタル化を行う場合、あらかじめすべての要件を決めることができない。ビジネスサイドの代表者が、アジャイル開発にしっかりと時間を確保し、いつでも対話できるようチームで決められた場所に在籍する。これにより、ビジネスサイドがビジネス要求を正しく伝達でき、日々の開発者からの細部への質問やソフトウェアの出来栄えの相談にクイックに対応できるアジャイル開発の環境をつくっていく。

　ソフトウェアができ上がれば、ビジネスサイドとして試用や利用を開発者の目の届く場所で行うことで、要求の達成状況を開発者に伝えたり、新たな気付きを開発者と深い対話を通じて探索し、チーム内での相互作用により学習効果を高めることができる。これらは、目標作業時間を設定するタイムボックス型で実践・評価を繰り返し、プロセス改善、技術力向上、マネジメント力の向上につなげられる。あわせて、濃密なコミュニケーションにより、参加者のモチベーションが上がる効果も期待できる。

　アジャイル開発で、ビジネスサイドと開発者が協働で成果を上げていくために特に重要となることは、いかに早く参加者全員の共通認識を合わせ、これからの活動に腹落ちした状態をつくれるかである。

　その手段として、アジャイル開発でのチーム立ち上げにおける有効なプラクティスとして「インセプションデッキ」を取り上げたい。インセプションデッキとは、アジャイル開発プロジェクトの開始前に、典型的な 10 個の質問をチーム全体で考えることで、プロジェクトのビジョンを明確にし、関係者全員が一致団結して進めるための基盤を築くものである。

図表8-5 アジャイル開発のインセプションデッキ

No	質問	回答内容
1	我々はなぜここにいるのか?	チームの目的や根幹に関わる理由を明らかにする
2	エレベーターピッチ (短時間のプレゼンテーション)を作る	大きな概念を、短時間で簡潔にわかりやすく表現する
3	パッケージデザインを作る	顧客視点での商品イメージをデザインする
4	やらないことリストを作る	チームで、やること、やらないこと、あとで決めることをはっきりさせる
5	活動に関与してくる 「ご近所さん」を探そう	プロジェクトに関わるステークホルダーを特定し役割を明確にする
6	技術的な解決策を描く	チームで利用するテクノロジーの合意や、技術的な解決事項を洗い出す
7	夜も眠れない問題とは何?	起きる可能性のあるトラブル、課題を明らかにして、解決策を模索する
8	期間を見極める	最初の目標として、大まかなスケジュールを決め実行可能性を考える
9	何を諦めるか、 優先順位をあらかじめ決めておく	搭載機能、品質、納期、予算で何が重要か検討して順位付けをしておく
10	何がどれだけ必要か?	必要な期間、予算、リソースを洗い出し、認識を合わせておく

アジャイル開発のメリットをあらためて整理すると、

① **より速いスピードで価値を最大化する**

② **要求の変化に柔軟に対応が可能となる**

③ **小さな成果(成功体験)を積み上げ、品質と顧客満足度を向上させる**

④ **開発者やチームの成長を促進させる**

であり、これを享受していきたい。

2 ビジネスアジャイルの実践方法

1 スクラムの概要

スクラムとは、アジャイル開発で用いられる手法の1つであり、反復増加型ソフトウェア開発に適用するチーミング（チーム組成、チームワーク構築、チーム目標達成）を含めたプロジェクト管理のフレームワークである。このフレームワークを通じて開発されるソフトウェアを、「プロダクト」と称し、1週間から1か月程度の「スプリント」というタイムボックスを用いて、イテレーティブ（反復的）でインクリメンタル（漸増的）に成長させていくアプローチとなる。

図表8-6 スクラムによるプロダクトの反復的・漸増的な成長型開発

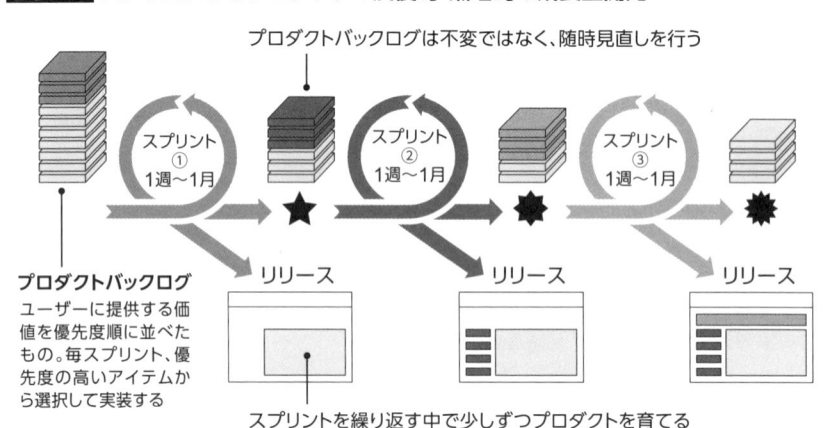

プロダクトバックログは不変ではなく、随時見直しを行う

スプリント①
1週〜1月

スプリント②
1週〜1月

スプリント③
1週〜1月

プロダクトバックログ
ユーザーに提供する価値を優先度順に並べたもの。毎スプリント、優先度の高いアイテムから選択して実装する

リリース

リリース

リリース

スプリントを繰り返す中で少しずつプロダクトを育てる

スクラムでの大事な概念は、「バックログ」というアジャイル開発プロジェクトでの作業項目や要件をリスト化したものである。スクラムでは、「プロダクトバックログ」と「スプリントバックログ」に大別される。

プロダクトバックログとは、ビジネスの観点で顧客やシステム利用者に提供する価値を優先度順に並べたリストであり、とても重要な位置付けとなる。プロダクトバックログからは、スプリントごとに、優先度の高いアイテ

ムから選択して実装する。

　スプリントバックログとは、特定のスプリント内で完了すべきアイテムのリストであり、プロダクトバックログからスプリントプランニングと呼ばれる話し合いを通じて選定される。スクラムでは、スプリントを繰り返す中でプロダクトバックログのアイテムを開発し、少しずつプロダクトを成長させていく。スプリントの中での気付きや組織的学習から得られる要件の変化はプロダクトバックログに随時反映されていく。

❷ 経験主義とリーン思考に基づくプロセス

　スクラムでは、「経験主義」と「リーン思考」の考え方が根底にある。経験主義は、知識が経験により生まれ、意思決定が観察に基づく、とする哲学である。最初から解が見えないDXやSXの領域では、短時間で経験を積みながら最適解を導き出すプロセスとして有効であると言える。この経験主義を支える3つの概念として、透明性・検査・適用があり、スクラムに手法として組み込まれている。

図表8-7 スクラムによる経験主義を支える3つの概念

概念	意味	スクラムへの組み込み
透明性	プロセス、作業、進捗が関係者間で可視化されており、共通認識のベースラインとなる	▶「スプリントプランニング」として、スプリントバックログを決定し、スプリントを実施する計画を立てる ▶作業の進捗を可視化するツールとして、カンバンボードやバーンダウンチャートが用いられることが多い
検査	可視化された情報を基に、定期的にチェックし、異常や問題を早期に発見	▶「デイリースクラム」として、毎日15分の短いミーティングで進捗と問題点を共有する ▶「スプリントレビュー」として、スプリントの終わりに、でき上がったプロダクトをステークホルダーにデモンストレーションしてフィードバックを得る ▶「バックログリファインメント」として、プロダクトバックログのアイテムを定期的に見直し、優先順位や内容を更新する
適用	検査の結果に基づき、計画調整やプロセス改善の対応を図る。継続的に効率性と品質を高めていく	▶「スプリントレトロスペクティブ」として、スプリント終了時にチーム内でプロセスを振り返り、改善点を特定して次のスプリントに活かす ▶継続的改善を実施する

リーン思考は、効率的で無駄のないプロセスを追求する。最大の価値を最小のリソースで提供しながら、関係者のモチベーションの向上も併せて行っていく考え方である。そのため、スクラムやエンタープライズ利用に拡張された SAFe（P.182 コラム参照）では、リーン思考でなじみの深い、カンバン方式やバリューストリーム、KPT（Keep・Problem・Try：続けること、課題、次にトライすることなどを振り返る手法）などの手法が採用されている。

3 チーム体制と価値基準

ビジネスアジャイルを推進するスクラムのチームは、プロダクトオーナー1 人、スクラムマスター 1 人、複数人の開発者の、3 つの役割を持った人たちから構成される。それぞれの役割と責任について紐解いていく。

プロダクトオーナー（PO：Product Owner）は、プロダクトのビジョンを持ち、ステークホルダーと調整して何を作るかを決め、プロダクトバックログの管理を行う。プロダクトオーナーは、ビジネスサイドから選出されてプロダクトのゴールを策定し、バックログアイテムの作成から優先順位付けと明確なチーム内への伝達に責任を持つ。プロダクトの価値を最大化させることに重点を置き、ステークホルダーへのスプリントレビュー（デモンストレーション）を開催し、スプリント成果となるプロダクトのフィードバックを得ることで継続的改善につなげる。

スクラムマスター（SM：Scrum Master）は、スクラムのプロセス推進のガイド役であり、チームがスクラムの理論を理解し実践できるよう支援する。また、チームがスプリント開発に集中できるように、障害物を取り除く使命も担う。具体的には、プロダクトオーナーに対する、プロダクトゴール策定、バックログ管理、プロダクト計画策定、ステークホルダーとの協調を支援する。スクラムチームに対しては、スクラムプロセスの導入、教育・訓練、実施支援を行う。スクラム全体を円滑に進める参謀的な役回りである。

開発者（Devs：Developers）は、2 〜 7 人程度で開発上の様々な役割を担う人材で編成され、プロダクトオーナーと調整して、スプリントの反復を通じてプロダクトを開発する。スプリント計画を作成し、スプリントゴール

に向けて毎日の開発計画の実行と調整を行いながら、品質の作り込みを行う。プロジェクトで使用するプログラム言語やアプリケーションフレームワークに熟知していることはもちろん、設計スキルやテストスキル、システム全体のアーキテクチャデザインができるスキルなど幅広い技術力とともに、自己管理、責任感、適応力、継続的改善のマインドセットが必要となる。

スクラムではスプリントにより学習および探索を行う。スクラムの成功は、スクラムチームが次の5つの価値基準を実践できるかどうかにかかっているといっても過言ではない。

① コミットメント：ゴールを達成し互いにサポートすることの確約
② フォーカス：重要な目標やスプリント作業に集中
③ オープンネス：作業・進捗・課題など透明性を要する情報の公開
④ リスペクト：メンバーのスキル・意見・貢献を尊重し合う
⑤ 勇気：難しい課題や不確実性に立ち向かう勇気

4 スクラムでのプロダクト開発プロジェクトの進め方

ここでは、スクラムの要素を用い実際にプロダクトの開発プロジェクトを進める。プロジェクト立ち上げフェーズ、スプリントの実行フェーズ、プロジェクトの終了フェーズにフェーズに分けてプロセスを取り上げていく。

[プロジェクト立ち上げフェーズ]

① チームビルディング

スクラムチームを編成する。プロダクトマスター、スクラムマスター、開発者を選定する。

② インセプションデッキの策定

チームのベクトルを合わせてゼニ一致団結するためにプロジェクト憲章と位置付け、全員参加で検討する。

③ スクラム全体計画の策定

以下の項目について定める。

▲ プロダクトのビジョンと目標（基本デザインを描く）
▲ 初期プロダクトバックログ

▶プロジェクト全体のスケジュール（スプリント期間の決定）

▶スクラムチーム構成（体制図、作業環境、作業時間）

▶ツールと手法（プログラム言語、アプリケーションフレームワーク、テスト方法、リリース方法、DevOps採否など）

▶コミュニケーション計画（スクラムは、チームワークとコミュニケーションが重要。スプリントプランニングミーティング、デイリースタンダードアップミーティング、スプリントレビューミーティング、スプリントレトロスペクティブミーティング、その他ミーティングの実施要領を定義）

▶リスク管理計画（リスクの洗い出し、リスクの評価、リスクの対応策）

▶品質管理計画（品質基準、テスト計画、レビュー計画）

④ **スクラムトレーニング**

スクラムを開始する前に、スクラムのトレーニングを行う。スクラム原則、ルール、プロセス、手法など。

⑤ **初期構築の実施**

開発環境の整備、ツールの導入、初期アプリケーション基盤の構築（アプリケーションフレームワークの整備を含む）、ドキュメントのテンプレート作成など。

図表8-8 スクラムにおけるスプリント実行フェーズ

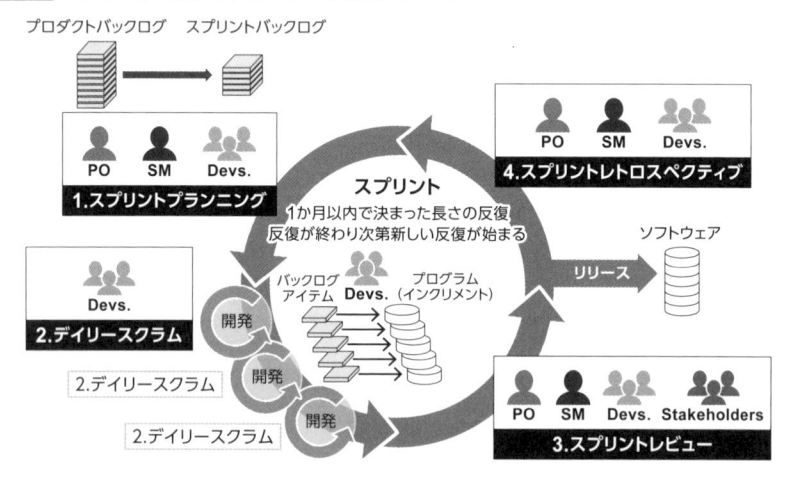

【スプリントの実行フェーズ】

① スプリントプランニング

　スクラムチームの全員が参加し、次のようなスプリント実行計画を策定。最大でも 8 時間以内に完了。

　　▶スプリントゴールの設定

　　▶スプリントバックログの作成

　　▶スプリントタスクの担当割り当てと作業時間の見積り

② デイリースクラム

　毎日のスプリントゴールの進捗を確認し、スプリントゴール達成に向けた今後の作業調整や全体進捗を精査する。全員参加のスタンディング形式で 15 分をめどにクイックに行う。

　　▶昨日の進捗状況の共有（昨日の実績、完了タスク、発生課題）

　　▶今日の予定の共有（今日の予定、予定タスク、サポート有無）

　　▶阻害要因の解決

　　▶スプリントバックログを変更（必要に応じて実施）

③ スプリントレビュー

　スプリントの成果をレビューし、今後の対応を検討する。スクラムチームとステークホルダーが参加し、時間がかかりすぎないよう最大 4 時間（半日）で終えるようにする。

　　▶スプリント成果のレビュー（デモンストレーション形式）

　　▶スプリント成果へのフィードバック

　　▶プロダクトゴールに向けた進捗状況のディスカッション

　　▶プロダクトバックログの更新

④ スプリントレトロスペクティブ

　スプリントを振り返り、うまくいったこと、うまくいかなかったこと、改善点などを議論し、次のスプリントに向けて品質や効果を高める方法を計画する。

　　▶スプリントの振り返り

　　▶改善策の検討

【プロジェクトの終了フェーズ】

① **プロダクトのリリース**

リリース前に総合的な品質判定を行う。

② **プロジェクトの振り返り**

うまくいったこと、うまくいかなかったこと、計数的な実績情報、改善点などを議論し、次回のスクラムプロジェクトで活かすための教訓とする。

③ **チームの解散**

スクラムチームを解散し、チームメンバーは他のプロジェクトにアサインされるか、元の部署に復帰する。チームメンバーはお互いに感謝の気持ちを伝えることが重要となる。

④ **知識の共有**

スクラムプロジェクトで得られた知識・実績を企業内で共有する。

3 伴走型BizDevOpsによる ビジネスアジリティー支援事例

1 DXエンゲージメントの考え方に基づいた伴走型支援

　ここまで、ビジネスアジャイルの必要性と、スクラムをベースとするアジャイル開発の手法を紹介してきた。しかし実際にビジネスアジャイルの実践経験のない企業では、ケイパビリティーが不足しており、始めることが困難ではないだろうか。

　富士通では「DX エンゲージメント」という、お客様の DX を富士通のビジネスアジャイルの実践経験があるメンバーがワンチームとなって伴走することで、ビジネスモデルの企画支援からアジャイル開発プロジェクトの推進まで一気通貫でサポートする体制とサービスを有しており、多数の採用事例がある。本サービスの活用により、DX ／アジャイルのコーチ陣が企業を伴走型でリードし、ビジネスアジャイルが実践できる企業へと段階的にケイパビリティーを高められるのである。

図表8-9 ビジネスアジリティーを高める伴走型支援サービス

　富士通では、具体的なアジャイルの支援メニューとして、「伴走型 BizDevOps」を提供している。多様な経験を積み、グローバルスタンダードな技法やナレッジを体得したエキスパート陣が、顧客企業の状況に合わせた適切なチームを編成し、伴走型として参画するサービスである。

ビジネス戦略策定から仮説検証型ビジネス実践（アジャイル開発〜継続的改善）のサイクルを一気通貫で支援する。ビジネス開発の「Biz」とシステム開発の「Dev」および運用の「Ops」を統合したBizDevOpsの概念により、顧客中心指向でビジネスの継続的改善を進めていく考え方である。

図表8-10 伴走型BizDevOpsによる一気通貫での支援スコープ

ビジネス戦略策定		仮説検証型ビジネスの実践（アジャイル開発）				
戦略策定組織準備	ビジネスデザイン	プロダクトデザイン	PoC	システム化計画（MVP定義）	システム構築	継続的改善
事業領域の課題定義	新事業の企画・構想	ユーザー価値明確化具体化と価値検証	初期MVP検証	MVPの策定実装要件定義	サービスイン向け開発	継続的改善／エンハンス開発

　伴走型BizDevOpsはさらに、ビジネスプランニング、プロダクトプランニング、DXエンジニアリング、の3つのカテゴリーで支援を実施する。

2 ビジネスプランニングによる企画構想支援

　ビジネスプランニングでは、富士通が様々な顧客企業で実施したDXの検討やDX推進のノウハウをベースに、新規事業やサービスモデルの企画構想のリードを行う。例えば、「新規の事業プランやアイデアを創出したい」「事業アイデアを事業計画として具体化したい」「事業プランやアイデアを適切に評価・検証したい」といった課題解決に伴走する。

　具体的なプランニング活動としては、顧客企業の事業戦略と市場トレンドを踏まえて、ターゲット市場とその課題を深掘りする。そして、実績のある事業開発プロセスを基に、ビジネスアイデア創出からターゲット顧客の設定とビジネスモデルの策定を、検討の場面に合った個々のワークをファシリテートしながらリードしていく。

　目指すべきビジネスプランニング後の状態は、次のとおり。

　① **新規事業や新規サービスのターゲットユーザーと解決すべき課題が特定で**

きている

② 評価と検証により、事業アイデアに有効性が確認できている

③ ビジネスモデルの仮説が構築されており企画推進の可否が判断できる

3 プロダクトプランニングによるUX/MVPの価値検証

プロダクトプランニングでは、富士通がユーザー（利用者）にとっての価値を明確化し、プロダクトの具体化と価値検証をリードする。例えば、「新しいプロダクトによって解決される顧客のニーズを明らかにしたい」「プロダクトの価値を検証したい」「プロダクトのリリースまでスムーズに移行したい」といった課題解決に伴走する。

具体的なプランニング活動は、現状・理想の抽出、コンセプト策定、MVPの定義である。ここで重要なのはUXとMVPに関する仮説の設定である。UXとはUser eXperience（顧客体験価値）の略であり、顧客が製品やサービスを利用する際に感じる総合的な体験であり、使いやすさ、有効性、楽しさ、満足度、信頼性などの要素から構成される。

MVPとはMinimum Viable Product（最小限の実用商品）の略であり、製品開発において、最初に開発する最小限の機能を持った製品のことで、早期に市場へと投入して、ユーザーからフィードバックを得ることを目的としている。

図表8-11 プロダクトプランニングでの実施内容

現状・理想の抽出		コンセプト策定	MVP定義
ビジネス目標の見える化	**ユーザー価値の探索**	**コンセプト策定**	**MVP具体化**
▶ビジネスとして実現したいゴールの設定と共有	▶UXリサーチやワークショップなどの各種手法を用いて、ターゲットユーザーを具体化し、理想とする体験を描く	▶これまでの検討結果を基に、UXコンセプトを設定（コンセプトの文書化とビジュアル化） ▶コンセプト検証のためのプロトタイピングを実施し、ユーザー価値の仮説検証を実施	▶MVPを具体化し、実装要件の定義と、中長期のロードマップを定義する

目指すべきプロダクトプランニング後の状態は、次のとおりである。

① 自社にとって取り組むべき価値が明確になる

② ビジネスロードマップとプロダクトの MVP が明確になる

③ プロダクトのリリースに向けて、必要な活動が明確になる

❹ DXエンジニアリングによるアジャイル開発の実践

DX エンジニアリングでは、富士通が多様な技術と役割を持った体制で、実際のアジャイル開発における実装、リリース、継続的改善までを伴走型で支援する。例えば、「仮説検証を繰り返し、新規プロダクトを構築したい」「必要なスキルセットを満たす人材で、チームを組成したい」「社内で体制を組んだが、社内風土改革までに至っていない」といった課題解決に伴走する。

図表8-12 企業のケイパビリティーに合わせた伴走支援モデル

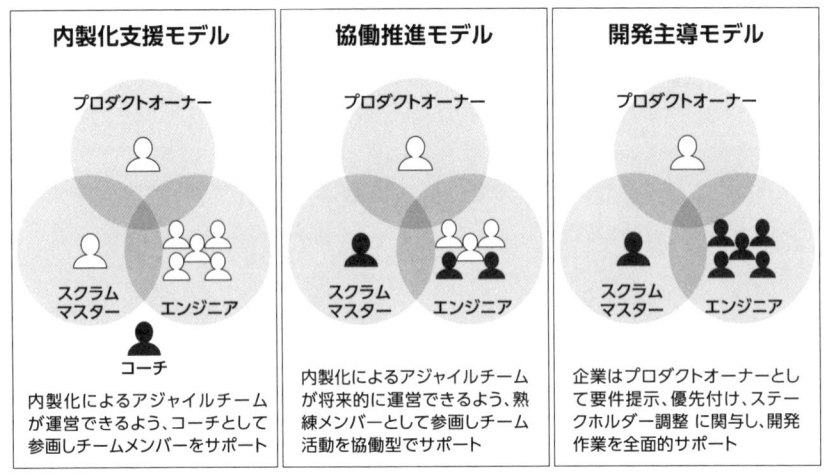

 顧客企業メンバー　富士通の支援メンバー

具体的なエンジニアリング活動では、スクラムなどのアジャイル手法を用いたプロダクト開発プロジェクトに富士通が参画し、プロジェクト立ち上げフェーズ、スプリント実行フェーズ、プロジェクト終了フェーズまで、伴走支援する。この支援による提供価値は次のとおりである。

① 数々の実践知を基に企業の状態に合わせた開発スタイルを実践する

② 経験豊富なクラウド開発のプロフェッショナルが開発を支援する

③ 成功事例に基づいた支援を行うことで風土改革の促進に寄与する

　企業のケイパビリティーに合わせて最適なチーム構成で伴走が可能である。目指すべき DX エンジニアリング後の状態は、次のとおりである。

① 短期間で効果的に成果を上げるチームと環境が整備されている

② チーム組成と育成が両立されている

③ 社内風土改革が促進されている

Column

企業のアジリティー向上を推進させる SAFe

　経営層やビジネス部門の意思決定のスピードアップと、複数のアジャイルチームによる同時開発での整合性確保といった課題解決を図るため、世界的に最も活用されているフレームワークが SAFe（Scaled Agile Framework）である。Scaled Agile, Inc. が管理・運営を行っている。

　SAFe は、リーン、アジャイル、DevOps、プラクティス、コンピテンシーを組み合わせて、企業規模に合わせてスケール（拡張）させることで企業活動のアジリティーを向上させる。海外での実績経験が豊富であり「SAFe ビッグピクチャー」として体系化された豊富なナレッジベースを活用できる。さらに、SAFe フレームワークを実践するための、組織内での役割に応じた教育プログラムと認定制度が充実していることも特徴である。

　SAFe のアジャイル開発を大規模な組織へとスケールさせる有効な手法がある。そのポイントは次のとおり。

① 組織の機能ではなく、顧客に価値を提供する一連のビジネスプロセス「バリューストリーム」にフォーカスして、提供価値を最大化し、時間効率を高めるソフトウェアの開発を目指す

② ART（Agile Release Train）と呼ばれる、アジャイル開発チームの集合体を編成し、バリューストリームの開発を割り当てて、アジャイル開発の列車を何本も走らせる。なお、ART は 5 〜 12 のアジャイル開発チームで構成され、総勢 50 〜 125 人程度で構成される

③ ART の複数のアジャイル開発チームを、PI（Program Increment）と呼ばれる時間枠を通じて統合を図る。通常は、8 〜 12 週間（4 回のスプリント開発）の活動期間を設定。PI ごとに「PI プランニング」を実施して ART の関係者全員が 2 日間集まり、ビジネスコンテキスト確認、計画策定と共有、チーム間の依存関係やリスクの立案を行い、ART の信頼関係構築と全体のリズムを形成する

　ART で複数のアジャイル開発チームを編成し、PI で統合を図るという点に注目したい。

第 9 章

SXで社会と企業の持続可能性を
同時に追求していく

企業が長期的に成長するためには、DXの先にある、社会と企業を共に発展させるサステナビリティートランスフォーメーション（SX）を追求していきたい。これは社会課題の解決に高度なテクノロジーを活用して、「地球環境問題の解決」「デジタル社会の発展」「人々のウェルビーイング向上」の3つの観点で価値を創出する取り組みである。企業内外に整備されたデータを相互接続し、AIを中心とする最先端のテクノロジーを駆使して将来のシナリオ予測やシミュレーションを行い、ビジネス判断の水準を上げていく。データ利活用の成熟度を向上させていくことが必須条件となる。本章では、企業経営におけるSXの必要性とSXへの取り組みを支援するソリューションを取り上げる。富士通が提供するエコシステム「Fujitsu Uvance」が目指すSXへのシナリオに基づいて、攻めのモダナイゼーションの最終形態となるイメージ共有を図りたい。

1 サステナビリティー トランスフォーメーションによる変革

1 デジタルを活用して持続可能な社会と企業を目指していく

　サステナビリティートランスフォーメーション（SX）が注目されている。地球規模での温暖化や自然災害、紛争・分断化、世界人口の増大、パンデミック、資源価格の高騰……。SXが注目される背景には、企業を取り巻く経営環境が数々の社会課題に直面していることがある。それだけではない。エネルギー不足、食糧不足、情報格差、サイバーセキュリティー、地域医療格差、防犯・防災、都市化対策、少子高齢化、先進国の人口減少、労働力不足、貧困など、対応を要する課題を数え上げればきりがない。

　今や環境や社会の持続可能性に関する課題は、そこでビジネス活動を行う企業の持続可能性と切り離せない関係になっている。

図表9-1 持続可能な社会問題へビジネス機会として取り組むSX

直面する問題

地球規模での温暖化や自然災害、紛争・分断化、世界人口の爆発的増大、COVID-19の世界的流行、資源価格の高騰など

持続可能性を阻害

社会課題

▶気候変動対策 ▶自然災害対策 ▶エネルギー不足 ▶食糧不足 ▶パンデミック
▶情報格差 ▶サイバーセキュリティー ▶地域医療格差 ▶防犯・防災 ▶都市化対策
▶少子高齢化 ▶先進国の人口減少 ▶労働力不足 ▶貧困 ▶規制強化

環境や社会の持続可能性に関する課題は、企業の持続可能性と切り離せない関係

積極的に対応（脅威を機会に転換）

**先駆的な企業が取り組んでいる
サステナブルなビジネス機会**

1. 持続可能なエネルギー消費（GX）
2. 廃棄物の削減やリサイクル
3. 防災や社会の安心・安全
4. 気候変動への対応
5. 都市のスマート化や持続可能性
6. 経済と産業の持続可能な発展
7. ウェルビーイングの向上
8. 自然資源や生物多様性の保全

デジタルイノベーションを
レバレッジとして、事業変革

＝

サステナビリティー
トランスフォーメーション（SX）

企業として社会課題へ積極的に対処するため、これまで「ビジネス脅威」と見られていた社会課題を、「ビジネス機会」へと転換し、自社の収益拡大（稼ぐ力）につなげていくサステナブルな事業変革が SX である。富士通の調査では、SX に取り組む企業の半数以上が、持続可能なエネルギー活用によるグリーントランスフォーメーション（GX）への貢献をはじめ、廃棄物の削減やリサイクルの促進などの地球環境の保全に関連する領域を重要なビジネス機会として認識していることがわかっている。

SX の推進においてはデジタルイノベーションをレバレッジ（てこ）として事業を変革し、SX の 3 つの柱である環境・経済・ウェルビーイングに前向きで持続的な変化をもたらしていく。短期的な財務上の利益にとらわれず、長期的な視点で地球環境や社会への貢献など、持続可能な世界につながる価値の創出を行うことで、自社ビジネスの成長を促していくわけである。

SX の先進企業では、取り組みが経営の成功と結び付いているとの回答を得られている。もはや、積極的なサステナビリティーへの関与は、企業のビジネスを未来に向けて成長させていくための必須条件と言える。

2 データ利活用の高度化を図りSXを加速させる

DX と SX は互いに影響し合う不可分の関係にある。デジタル化、すなわちテクノロジーをビジネスに活用していくことで、非効率を排除し、あらゆる物事を最適化し、全体のレベルを底上げする。

SX を大きく加速させるには、「組織の枠組みを超えたデータ利活用」が必要となる。経営における意思決定の質を上げるために、自組織内でのデータ活用に加え、サプライチェーンをはじめとする外部組織と連携し、データ活用をすることが、SX を成功させる重要な成功要因となっている。

そのため、既存テクノロジーやレガシーシステムからの変革が DX や SX への大前提となるわけである。

■ 組織のデータ利活用を表す成熟度レベル

SX の達成に向けてデータ利活用が実現できている程度を、成熟度レベルで評価することができる。成熟度レベルを向上させるには、サイロ化され

たレベル 1 やレベル 2 のレガシーシステムの状態を変革し、最適化を行うことでデータ基盤を整備する。多くのデータソースを統合したレベル 3 の状態では、企業の取り組みの全体像を可視化・把握できるようになり、より包括的で適切な意思決定を行うことが可能となる。

　さらに、AI や量子コンピューティングなどの高度なテクノロジーを駆使することで、データから貴重な洞察を引き出す可能性が飛躍的に大きくなり、データドリブンで未来の予測に役立てられるようになる。このように SX の中心に高度なテクノロジーを駆使したデータの活用を据えることで、大きなアドバンテージを得ることができる。

図表9-2 SXに向けてデータを組織内で活用するための成熟度レベル

成熟度レベル	実現できているデータ活用の状態
レベル **0**	SXの取り組みに関して、データを収集・管理するための体系的なアプローチを取っていない。またはデータ自身が存在しない
レベル **1**	一部のSXの取り組みについてデータ収集を開始したが、データの大半は連携されておらず、サイロ化された状態にある
レベル **2**	SXの取り組みにおいて、データを用いた体系的なアプローチを取っている。しかし、複数のソースからのデータを統合しているものの、可視化されておらず、有益な情報として活用されていない
レベル **3** 目指すレベル	様々なソースから統合したデータを可視化し、SXの取り組みにおいて、データを活用して基本的なレベルで効率や生産性、その他の事業価値を高めるための意思決定を行っている
レベル **4**	AIなどの高度なテクノロジーを取り入れ、相互に接続されたデータを活用した予測やシミュレーションを行い、SXの意思決定プロセスを強化している

■ **組織間連携によるデータ利活用の成熟度レベル**

　また、SX の価値創出には組織内だけでなく、外部組織との高度なコラボレーションを実現していくべきである。社会課題解決の取り組みの多くは多面的かつ複雑だ。社会や経済のダイナミクス（大きな動きや変化）を乗り越えるためには、組織の枠組みを超えた幅広いスキル、リソース、ナレッジへのアクセスによる、高度な価値創出への協働が必要である。組織間連携によるデータの利活用は、SX を進展させるために不可欠な要素である。

　レベル 4 のデータ連携について、SX のトレンドは共同インフラストラ

クチャーに構築された「デジタルエコシステム」で実現することである。デジタルエコシステムでは、複数のソースから得たデータの統合や交換、分析が可能となる。具体的にはカーボンフットプリント（炭素の足跡）の削減や、持続可能な製品やサービスの開発を目的として行うサプライチェーン全体のデータ共有を、デジタルエコシステムで実現する。

　このようなデータソースは、業界のビジネスネットワークの中で分散していたり、業種や国・地域の枠組みを超えて散らばったりしている。デジタルエコシステムの整備により、あらゆる枠組みを超えたデータの連携や活用が可能となり、SX での社会課題解決への取り組みを新たなレベルに引き上げることに貢献する。

図表9-3 **SXに向けて組織間連携におけるデータ活用の成熟度レベル（業種内、業種横断でのクロスインダストリー）**

成熟度レベル	実現できているデータ活用の状態
レベル 0	SXの取り組みにおけるコラボレーションにおいて、データを収集・管理するための体系的なアプローチを取っていない、あるいはデータ自体が存在しない
レベル 1	一部のSXの取り組みについてデータ収集を開始したが、データの大半はパートナー間で活用できるほど十分に連携できておらず、サイロ化された状態にとどまっている
レベル 2	SXの取り組みにおける組織間連携で、データを用いた体系的なアプローチを取っている。複数のソースからのデータを統合しているものの、それらは可視化されておらず、有益な情報として利用されていない
レベル 3	ソースから統合したデータを使用して、SXの取り組みにおける組織間連携を強化している。データを可視化して活用することで、基本的なレベルで効率や生産性、その他の事業価値を高めるための意思決定を行っている
レベル 4	外部組織との連携において相互接続したデータや高度なテクノロジーを活用して、未来のシナリオを予測・シミュレーションすることで、SXの意思決定プロセスを強化している

（レベル3とレベル4の間に「目指すレベル」の矢印）

3 AIを中心とする高度なテクノロジーにより再生型価値を創出

　富士通では、社会課題を解決して持続可能な社会や企業を目指しながら、急激に変化するテクノロジーに向き合い、再生型の価値を生み出す企業を「Regenerative Enterprise（再生型企業）」と呼んでいる。再生型の価値とは、

地球環境をより豊かに再生するとともに、誰もが健康で充実した生活を享受できるようにしていくサステナブルな価値のことである。様々なステークホルダーが協力して環境とウェルビーイングに貢献する価値を生み出し、経済的にもビジネスの生産性を高めて持続可能な成長を遂げていくことで、社会全体の再生につなげていく。

図表9-4 テクノロジーに向き合い3Pで再生型価値を創出

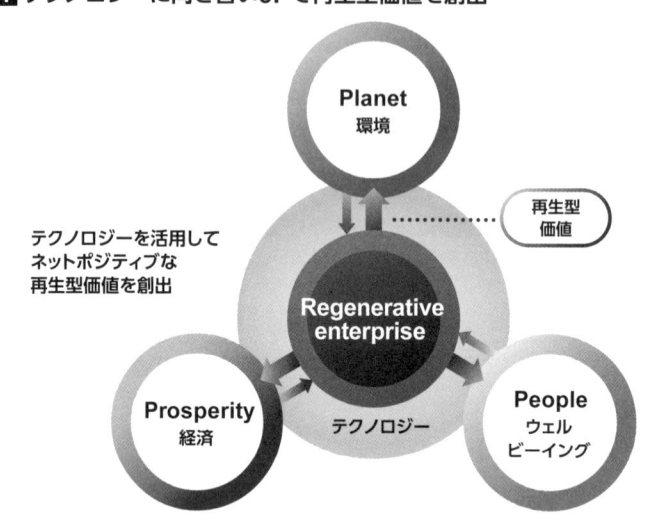

図表9-5 未来の再生型企業における価値創出の4つの切り口

4つの切り口	価値創出の特徴
誰が価値を生み出すか **Who**	人のバディー（相棒）となったAIが、価値創造の中心となる。人の知識と経験をベースにした価値創造スタイルから、人とAIが強調しながら価値を生み出すスタイルへと変化していく
何の価値を生み出すか **What**	AIとコンピューティングの進化により、様々な業種でデータをAIで解析することが可能となる。複雑な環境や社会課題に取り組むことで、持続可能の貢献する価値を創出する
どのように価値を生み出すか **How**	現場組織のデータの可視化とAIによる意思決定支援によって、現場の人が迅速に判断できる仕組みを構築し、柔軟かつスピーディーに、環境変化に対応できるようになる
どこで価値を生み出すか **Where**	セキュリティー技術とネットワーク技術によって、パートナー企業や行政、研究機関などの様々なステークホルダーが、リアルとデジタルの領域で融合した世界でつながり、複雑かつ困難な社会課題に取り組めるようになる

富士通では、再生型企業が AI を中心とする高度なテクノロジーを、4 つの切り口に着目しながら、企業活動の領域に適用することで、環境（Planet）、経済（Prosperity）、ウェルビーイング（People）の 3P の観点で価値を生み出していくと考えている。

未来の再生型企業への転換に向けて、4 つの切り口を見出して SX を実現する解決策として、富士通では「Fujitsu Uvance」を提供している。

◢4◣ Fit to Standard型のUvanceオファリングで早期実践

Uvance（ユーバンス）とは、Universal と Advance を掛け合わせた造語であり、「あらゆる（Universal）ものを、サステナブルな方向に前進（Advance）させる」という意味を持っている。これまで説明してきた地球環境や社会課題へ対応し、業種を超えたクロスインダストリーへの取り組みを、先端テクノロジーとデジタルプラットフォームを活かして、ビジネスを加速させていくソリューションである。

図表9-6 先端テクノロジーとデジタルプラットフォームをベースとした
Fujitsu Uvanceによる業種を超えた環境・社会課題の解決

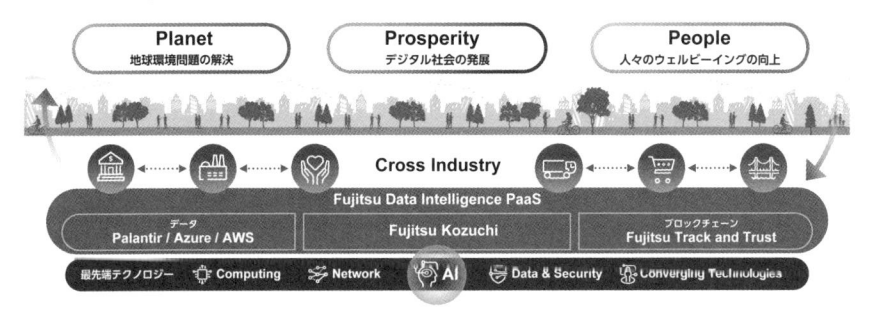

富士通の最先端テクノロジーは、Computing、Network、AI、Data & Security、Converging Technologies の 5 つの重点技術領域を設定して、研究開発を集中させている。デジタルプラットフォームは、高度な AI 機能を提供する「Fujitsu Kozuchi（コズチ）」、ブロックチェーン技術をベースとした安心安全なデータ流通機能を提供する「Fujitsu Track and Trust」。そして AWS、Azure、Palantir などグローバルパートナー企業のテクノロ

ジーを採用したプラットフォームの「Fujitsu Data Intelligence PaaS」で構成されている。

　富士通は、これまで培ってきた業種のノウハウやスキルなど、SX を実現するためのベストプラクティスを、Fujitsu Uvance の７つの KFA（Key Focus Areas）で提供している。Fit to Standard を原則とし、クラウド上で柔軟かつスピーディーに企業が利用できるよう、社会課題を起点とする様々なシーンに合わせたオファリング（顧客に適用する富士通の商品やサービス、ソリューション）の品ぞろえとなっている。なお、料金は従量課金の体系である。

　Uvance を利用する企業は、ゼロベースでの新規アプリケーションの設計開発ではなく、既存のオファリングを活用するため、コンサルティングとカスタマイズで初期導入コストを抑えられ、導入後から品質が保たれたシステムの状態を享受できる。

2 Planet「地球環境問題の解決」への取り組み

■1 人と自然が共存する豊かな未来を実現するSX

　人と自然が共存・共栄し、地球の未来を創るうえで、気候変動、資源循環、生物多様化の保全に貢献することが重要である。未来のためには、企業は限られた地球の資源の中で環境に最大限の配慮を行い、ビジネス活動を進めなければならない。特にカーボンニュートラル（脱炭素）は、政府やサプライチェーンでの顧客企業など、あらゆるステークホルダーから対策を求められている。カーボンニュートラルやサーキュラーエコノミー（循環型社会）の実現には、様々な義務や規制がかかっている一方で、新たなビジネスを創出する機会をもたらす。SX において、早急に取り組んでいくべき重要項目であると言える。

　この課題の解決に向けての鍵は、データである。CO_2 排出量など捉えにくい情報を、正しいデータとして収集・可視化し、透明性を確保したうえで活用することで、課題の現状把握や正しい環境目標の設定を行うことができる。そして、サステナブルな施策の具体的な効果や業績への影響度を測定することが可能となる。組織内と組織間連携それぞれのデータ活用の成熟度を向上させて、AI やデータアナリティクスなどの先進的なデジタルテクノロジーを用いることで、経営の意思決定の水準を上げていく必要がある。

　例えば、自社が属するサプライチェーンで全体の CO_2 排出量を把握する必要があったとしよう。そのためには、部品や製品を作る工場の CO_2 排出量や、消費者が製品を使用する際の CO_2 排出量など、様々な段階での排出量を求めなければならない。サプライチェーンの川上から川下まで企業同士で協力し合うことでデータを共有し、全体的な環境への影響を把握して、協働で脱炭素化に取り組んでいかなければならない。

　そこで、Planet「地球環境問題の解決」を図るために、データを起点として SX へ取り組む際のプロセスを説明していくこととする。

① **データ収集**

　初めに、データ収集である。業務プロセスの現状を正確に把握するために、できるだけ多くの CO_2 排出量に関するデータを集めていく。製造現場での工程などからデータを収集するとき、IoT センサーや 5G ネットワークがあれば、より容易に進めることができる。

　企業の意思決定に活用するデータの信頼性を高められるよう、データの定期監査を行い、整合性が取れ、脆弱性がなく、正しいフォーマットで保存され、エラーや重複がないかを確認する。

② **データの可視化・分析**

　次に、データを可視化・分析し、CO_2 排出量の予測を立てる。そのうえで、達成可能なスケジュール感の中で、現実的な CO_2 の削減目標を設定する。取り組みの進捗をモニタリングしながら、時には調整して見直しを図る。

　サプライチェーンには様々なデータソースがあり、川上・川下に位置する企業からの CO_2 に関するデータを集めていく。

③ **シミュレーション**

　次に、AI モデルを適用して、業務プロセスをマッピングする。AI はパターン認識が得意で、アルゴリズムにより非構造化データを分類し、似た特徴を持つ集団にクラスター化する。この過程でデータ同士の関係性や特異点が見えてくるので、CO_2 対策を立てやすくなる。

　AI は、想定をテストし、その結果に応じて意思決定するシミュレーションとして大きな可能性があり、意思決定の時間短縮にも効果がある。

④ **業務効率化と結果の検証**

　分析結果から、この段階で詳細な環境への影響のイメージを描くことができるようになる。また、予測を基に改善策をシミュレートして、変更を前提とした計画を立てることができるようになる。

　これまでの作業からのインサイト（洞察・発見・直感）を基に、業務プロセスを最適化する。その後、最初のステップのデータ収集に戻り、反復的な改善作業に取り組んで、多くの気付きを得ていく。

2 「地球環境問題の解決」へのアクションプラン

　地球環境問題に対応するビジネスと持続可能な社会に向けて、企業がSX
に取り組む際の変革へのアクションプランを整理する。

図表9-7 「地球環境問題の解決」へのアクションプラン

Action1	データの真価を 引き出す	サステナビリティーを中核に置き、データ戦略を再考する。データの活用状況を見直し、最適化する方法を探る。地球環境問題への課題対応の進捗状況が正確にモニタリングできて、透明性が確保されていることが信頼性を高めるうえで必要となる
Action2	データの新たな 地平を開拓する	ビジネス環境でより深いインサイトを得られるデータ共有パートナーシップを模索する。AIを使って隠れたトレンドを発見し、分析を新しい段階に引き上げる。これにより、サステナビリティーとビジネスの両方を加速させていく
Action3	サステナビリティー を実践する	得られた洞察を基に、カーボンニュートラル（脱炭素）とサーキュラーエコノミー（循環型社会）を実現する。製品ライフサイクルの最適化や廃棄物の再利用など、次世代のビジネスモデルを追求する
Action4	環境投資による 未来戦略を 実行に移す	環境への長期的な投資を、ビジネスの持続的な利益と地球環境の保全の両方に寄与させる。先進的な取り組みにより、未来の大きなリターンを得る未来戦略を実行に移す

　未来志向で積極的に環境投資を行い、企業としての社会的責任を果たすだ
けでなく、ビジネス面においても長期にわたる様々な利益を獲得していただ
きたい。

3 「地球環境問題の解決」を実践するオファリング事例

　地球環境問題の解決に対応する気候変動を実践する、Fujitsu Uvance の代表的なオファリングを紹介する。

図表9-8 「地球環境問題の解決」の代表的な**Uvance**オファリング

気候変動への**Uvance**オファリング	**SX**を支援する機能
ESG Management Platform	EGS戦略立案、データ収集・可視化・シミュレーション、施策立案、情報開示、施策実行サポートで、データを用いたESG経営をトータルでサポート
GHG Visualization and Reduction	CO_2排出量の算定、戦略・施策立案、環境負荷データの収集・トレースを行うプラットフォームの提供を通じて、カーボンニュートラルを支援
Green Transportation	環境負荷の低減と運用業務の効率化を実現するため、EV導入段階からEV運用段階までのモビリティーやロジスティックサービスを提供
Engineering Acceleration	CaaS(Containers as a Service)を組み込んだクラウド上のエンジニアリング環境の活用により、変化に強いものづくり、製品の早期市場投入を実現

3 Prosperity「デジタル社会の発展」への取り組み

■1 人のためのデジタル社会を構築する

　目指すべき未来のデジタル社会とは、「テクノロジーの力で経済の発展と個人の豊かさを追求し、均衡と公平性を重視した健全な社会」ではないだろうか。しかし、デジタル社会の実現には多くの障壁となる社会課題がある。例えば、デジタルデバイド（情報格差）、情報セキュリティー、労働力不足、職場環境の改善、サプライチェーンリスクの解消、AI倫理問題などである。

　環境変化が激しく不確実な現在社会においては、官民や企業の業種の垣根を超えたデジタルエコシステムを構築することが、レジリエンス（回復力）を高め、持続可能なビジネスや社会の発展に寄与する。同時に、デジタル化がますます進む社会において、デジタルリテラシーを高め、誰もがデジタル社会にアクセスできるようにすることが、より公平で豊かな生活の実現につながる。それは、柔軟な働き方を実現する労働環境の整備の助けにもなり、人手不足の解消にもつながる。

　再生型企業は、世界の繁栄と安定が両立するデジタル社会を創るために、SXへの取り組みを通じて「責任あるサプライチェーンの構築」や「働きやすい環境の推進と労働力不足解消」そして「レジリエンスな社会基盤の整備」を実現していく必要がある。

図表9-9 デジタル社会の構築

デジタルデバイド		官民や業種の垣根を超えた デジタルエコシステム	
情報セキュリティー		持続可能な サプライチェーンの構築	
責任あるサプライチェーン	デジタル社会の実現	働きやすい環境の 推進と労働力不足解消	デジタルリテラシー の向上
職場環境改善・労働力不足		自然災害に対する レジリエンス向上	
近年、大規模化する災害			
AI倫理			

- **持続可能なサプライチェーンの構築**

　メーカーやサプライヤーは、かつてないスピードで商品開発を求められている。利益率が厳しい中で、消費者の声に応えるために、自然災害から資源不足、政治的な対立に至るまで、地球規模での変化にリアルタイムで反応しなければならない。

　一方で、企業にサステナビリティー情報の開示を求める流れがある。行政や市民は、企業により厳しく説明責任を追及するようになっている。企業は、業務や取引の透明性を確保していく必要がある。例えば、ブロックチェーン技術を採用し、取引や業務プロセスの追跡性と信ぴょう性を確保し、透明性と信頼性の高いサプライチェーンを構築していく取り組みが考えられる。

- **働きやすい職場環境の整備と労働力不足解消**

　新型コロナの拡大で、職場のデジタル化が大きくクローズアップされた。多くの企業はリモートワークを導入し、クラウド、セキュリティー、ビデオ会議などの技術の進化が加速している。結果、柔軟な働き方ができるようになり、生産性の向上と、ワークライフバランスの実現が図られている。そのうえで、単純作業のオートメーション化や危険な作業を機械化することを、AI やロボティックスの技術を駆使し実現している。従業員の QOL（生活の質）の向上や、仕事への満足度を高めると同時に、人材・人手不足に悩む職場への支援を、テクノロジーを活用し充実した職場環境へと整備していく。

- **自然災害に対するレジリエンス向上**

　異常気象による洪水や、地震災害、大規模な山林火災など市民生活や事業に与える影響は甚大である。IoT センサーで環境のリアルタイムなモニタリングや、AI で分析したデジタルツイン（現実世界と仮想世界の連携）上でのシミュレーションにより、様々な災害を想定したシナリオで危機対策を検証し、予測と対策を実施して被害を最小限に抑えていく。

2 「デジタル社会の発展」へのアクションプラン

　デジタル化社会の実現と繁栄に向けて、企業が SX に取り組む際の変革への
アクションプランを整理する。

図表9-10 「デジタル社会の発展」へのアクションプラン

Action1	AIの戦略的活用	社内のITリソースを見直し、信頼性の高いAIを自社の業務工程に組み込む計画を立てる。機械学習には様々な種類があるため、組織に最適なツールを検討し、活用する
Action2	人材の活用を サポート	従業員のQOL（生活の質）を高めるための技術を検討する。ロボット技術やオートメーション技術を活用し、従業員のスキルを上げたり、働きがいを高めたりできないかを検討する。テクノロジーへの投資は、組織の利益追求にとどまらず、従業員にも好影響をもたらす
Action3	サプライチェーン の透明性	サプライチェーンの無駄をチェックし、サプライチェーンの透明性と持続性を高めるため、ブロックチェーンなどのソリューションが導入できないかを検討する。企業は自社だけでなく、バリューチェーン全体への影響を常に考える必要がある

　豊かで、強靭で、すべての人々が平等で、幸福な社会にするためには、
様々な再生に貢献できるよう企業は変革しなければならない。変革に当たっ
ては、テクノロジーが格差を広げてしまわないよう、企業リーダーが適切な
目標を設定する必要がある。

3 「デジタル社会の発展」を実践するオファリング事例

デジタル社会の発展に対応する「責任あるサプライチェーンの構築」と「働きやすい職場環境の整備と労働力不足解消」を実践する、Fujitsu Uvanceの代表的なオファリングを紹介する。

図表9-11 「デジタル社会の発展」の代表的なUvanceオファリング

責任あるサプライチェーンの構築への Uvanceオファリング	SXを支援する機能
Supply Chain Risk Management	レジリエントなサプライチェーンに必要な情報を収集・提供し、リスク発生前の準備と有事における迅速な意思決定を支援し、事業の損失を最小化
Supply Chain Planning	製造業や小売業が不確実性の高い市場に対応するため、特化型エンジンで組織間データの統合、状況予測を行い、変化に強いサプライチェーンマネジメントを実現

働きやすい職場環境の整備と 労働力不足解消の Uvanceオファリング	SXを支援する機能
Connected Front-Line Worker	受付の自動対応や危険予測による早期警戒およびAIによる緊急車両の最適配車により、エッセンシャルワーカーを支援

4 People「人々のウェルビーイングの向上」への取り組み

■1 デジタルイノベーションで幸せな社会づくりに貢献する

多くの人は理想の生活を追求しているが、まだ格差の影響を受ける人々もいる。開発途上国は、医療、教育、気候変動などの課題に直面している。一方で先進国でも社会基盤の不安定化や高齢化に伴う様々な問題、労働力の不足といった課題が浮上している。このような社会課題に対して、SXを推進する再生型企業は、あらゆる人々が健康で生き生きと暮らすウェルビーイングの実現を目指していく必要がある。

単に経済的に発展しているだけ、健康であるだけでなく、人々の心が満足していることが重要である。人々が抱える課題や生活様式は、1人1人異なる。様々なデータの入手が容易になった現在、AIを中心としたテクノロジーと安全に扱われた個人データを組み合わせることで、パーソナライズされた社会サービスの提供が可能になりつつある。これらを実現してウェルビーイングを達成していくことが求められている。

図表9-12 デジタルイノベーションでの幸せな社会づくり

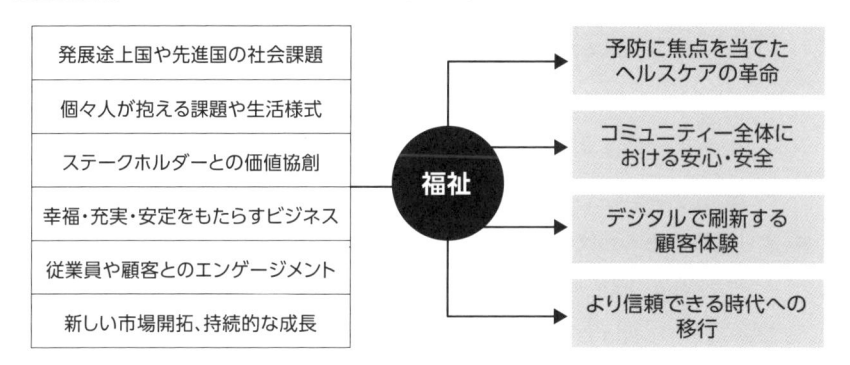

再生型企業の役割は、様々なステークホルダーと協力して社会課題を解決し、幸せな社会づくりに貢献する新たな価値を創出することである。すべて

の人々の生活を豊かにして、幸福・充実・安定をもたらす「福祉」を、企業として戦略的かつ率先的にビジネスに取り入れることは、従業員や顧客とのエンゲージメントを高め、新しい市場を開拓し持続的な成長につながる。

■ 予防に焦点を当てたヘルスケアの革命

社会の高齢化の進展により生活習慣病の患者が増加している。医療は病気にかかったら治療を受けるという受動的なものではなく、予防に焦点を当てた能動的なアプローチに移行させる必要がある。

次世代医療では、患者1人1人の健康状態やニーズに合わせ、パーソナライズされたケアが求められる。患者のヘルスケアデータを高い安全性で保護し、匿名化して効果的に活用することで、個人に最適化されたヘルスケアの実現や、先進的な創薬につなげることが可能となる。

■ コミュニティー全体における安心・安全

現在、人々は様々な犯罪や災害の脅威にさらされており、その不安や混乱は、家庭や地域などのコミュニティー、企業に直接的な打撃を与えている。AIによる画像解析技術や認識・行動分析、さらには被害拡大を予測するシミュレーションの組み合わせにより、事前察知型の監視手法へと革新を図り、事前に脅威を検知して、即時に対応することで安心・安全な社会インフラを構築していく必要がある。

■ デジタルで刷新する顧客体験

小売業におけるデジタル変革により、顧客が日常的に感じているストレスを軽減し、より良いショッピング体験につなげていく。これにより、顧客の利便性が向上するだけでなく、ブランドの競争力や顧客ロイヤリティーも向上することで、持続可能なビジネスの成長につなげていく。

■ より信頼できる時代への移行

デジタル革新は、事業や社会にもたらすインパクトは絶大である反面、データ共有技術は個人の自由やプライバシーを傷つけるおそれがある。デジタルイノベーションの成功には、サイバーセキュリティーやデータ保護を徹底することを前提に、データ共有のメリットを実感していただく、長期的な信頼関係の構築が重要となる。

② 「ウェルビーイングの向上」へのアクションプラン

人々のウェルビーイング向上と幸せな社会の構築に向けて、企業がSXに取り組む際のアクションプランを整理する。

図表9-13 「ウェルビーイングの向上」へのアクションプラン

Action1	データ主導の パーソナライゼーション	これからのビジネスは、一律のアプローチから、1人1人のニーズに焦点を当てたカスタマイズへと移行していく。転換の鍵は、データの活用とデータ基盤の強化である
Action2	先進テクノロジーを ビジネスの中核に	AIの行動分析技術は、公共の安全だけでなく、企業資産やスタッフを守るための強力なツールとなる。これらのテクノロジーを活用し、ビジネスの競争力を高め、デジタルセキュリティーの領域での革新を推進する
Action3	協業で新しい価値を 生み出す	一社で取り組むより、異業種との協業やパートナーシップを進めることで、データの活用範囲は広がる。データ基盤を強化し、連携の枠組みを確立することで、新たな価値を創出できる

ウェルビーイング向上の鍵は、テクノロジーである。デジタル化の進展により、人間中心の新しい働き方や社会インフラの構築が加速され、パーソナライズされた医療や革新的な小売サービスが実現できる。ただし高度なテクノロジーを使うことが目的化しないよう、企業リーダーは、新しい価値を提供することにより、質の高い生活、健康で心が満たされた幸せな社会が実現しているか、深く考察していく必要がある。

③ 「ウェルビーイングの向上」の代表的なUvanceオファリング

あらゆる人々が健康に生き生きと暮らすウェルビーイングの実現を目指し「QOL（生活の質）の向上に向けたヘルスケアの推進」や「ライフエクスペリエンス（顧客・生活者体験）の向上」を実践する、Fujitsu Uvance の代表的なオファリングを紹介する。

図表9-14 ウェルビーイングでの代表的なUvanceオファリング

ヘルスケア推進 Uvanceオファリング	SXを支援する機能
Digital Care Platform	分散していた患者情報をデジタルにより連携し、患者1人1人に寄り添う「患者中心」の新しい医療・ヘルスケアサービスの提供に貢献
Virtual Pharma	データの一元管理やAI／コンピューティングの活用により創薬の加速と効率化を実現し、革新的医薬品の開発と普及に貢献

ライフエクスペリエンスを向上させる Uvanceオファリング	SXを支援する機能
Omni Channel Services	オムニチャネルで情報を一元的に管理することで、精緻に消費者ニーズを把握し、シームレスな顧客体験を実現
Personalized Marketing Services	様々な販売チャネルを統合したオムニチャネルでの購買データを分析し、パーソナライズされたレコメンドやダイナミックプライシングによって需要を喚起することで、サステナブルな消費を実現

Column

Fujitsu Uvance の 7 つの KFA

　Fujitsu Uvance では、国連総会で採択された SDGs（Sustainable Development Goals：持続可能な開発目標）のターゲット年である 2030 年におけるグローバル社会のあるべき姿を描き、そこからバックキャストして解決すべき社会課題と富士通が果たすべき役割を検討して「7 つの Key Focus Areas（7KFA：7 つの重点注力分野）」を特定した。7KFA は、社会課題を解決する 4 つのクロスインダストリー分野（Vertical Areas）と、それらを支える 3 つのテクノロジー基盤（Horizontal Areas）に大別される。Vertical Areas は、本書の事例企業などで挙げた「Sustainable Manufacturing」「Consumer Experience」「Healthy Living」「Trusted Society」の 4 つ。本コラムでは 3 つの Horizontal Areas を紹介する。

- **Digital Shifts**

　データドリブン経営と Work Life Shift（働き方改革）を実現する。データドリブン経営では、トップダウンのアプローチとして、データを活用することで経営から現場レベルに至るまでの意識決定の高度化を支援する。Work Life Shift では、ボトムアップのアプローチとして、すべての働く人を起点として働き方の改革を進めることで、組織パフォーマンスの向上を支援する。

- **Business Applications**

　持続可能なビジネスを支えるため "スピードと生産性の向上"、"業務の高度化"、"サービス・価値の早期提供" を実現する最新アプリケーション群を提供する。グローバル標準の ERP やクラウドベースのソフトウェアソリューションを、組み合わせて使い、つなげ、広げていく。

- **Hybrid IT**

　急激に増え続けるデータを運用し、リアルとデジタルを融合させるセキュアなデジタルプラットフォームを実現する。富士通のコンピューティング、ネットワーク、運用・構築の技術と、AWS、Azure、Google Cloud、Oracle Cloud Infrastructure のパブリッククラウドを最適に組み合わせて提供する。

第10章

原点に立ち返りパーパス・戦略・ビジネスモデルを思考

経営で真に役立つ情報システムを目指すためには、手段としてのレガシーシステムの刷新やデジタルテクノロジーの導入を推進する前に、経営のありたい姿を描き、ビジネスをどのように変革していくかを念頭に置きたい。

本章では、攻めのモダナイゼーションの締めくくりとして、情報システムを経営へ活かすための思考様式や思考プロセスを紐解いていく。パーパスにより企業の存在意義をあらためて明文化し、経営者の想いと従業員の事業に対する腹落ちや貢献意欲をシンクロナイズさせ、パーパスを具現化するための経営戦略と情報戦略を考え抜き、戦略行動となる施策に落とし込んでいく。戦略行動へと展開して、企業内コミュニケーションを行い、実行状況をモニタリングする手法についても取り上げる。

戦略行動が決まったら、目指すべきビジネスモデルの構築に向けて、どのようにテクノロジーの力を活用して変革を推し進めていくかも考えていきたい。

1 パーパスと戦略で トランスフォーメーションを推進

■1 攻めのモダナイゼーションを推進するための必要条件

攻めのモダナイゼーションとは、企業の成長や競争力強化のための「戦略遂行手段」であり、組織や業務にデジタル化を浸透させ、効果的にデータを活用していく情報システムへと進化発展させることである。つまり、レガシーシステムの刷新にとどまらず、組織・業務・ビジネスモデル・テクノロジーを包含した戦略的な経営の取り組みと位置付ける。

モダナイゼーションにより享受できる効果は、単なる最先端のテクノロジーの導入の有無や、IT 投資金額の多寡に左右されるものではない。有効な戦略を立て、戦略にビジネスを適合させ、ビジネスの遂行手段として情報システムのパフォーマンスを最大化することがカギとなる。

攻めのモダナイゼーションに取り組む際の必要条件として、「戦略思考の追求」「組織・業務・ルールの見直し」「全体最適化」「IT 投資効果の測定」「経営トップの積極的な参画」をあらためて整理する。

① 戦略思考の追求

情報システムのモダナイゼーションにおいては、コスト削減や業務効率化を目的とする「改善思考」に加えて、売上拡大や高付加価値化を目的とした「戦略思考」を追求していく。そのためには、「情報」を戦略的な側面から考えていく必要がある。情報システムが処理・蓄積するデータを、いかにして戦略的な価値ある情報としてビジネスに活かしていくかがポイントとなる。

例えば、自動化・省力化やスピードアップといったビジネスプロセスの改善に役立つ定型的な情報もあれば、バリューチェーンで生じた変化へ即応することで、ビジネスモデルの革新につなげられる戦略的な情報がある。DX では顧客体験価値を向上させる情報もあれば、SX では社会と企業を持続可能にする情報がある。

② 組織・業務・ルールの見直し

　攻めのモダナイゼーションにより、経営基盤を強化して経営戦略を実現するためには、経営戦略に合わせて組織・業務・ルールの見直し、経営の変革を推進していく。経営戦略は、その戦略に対応した「組織」により達成されるが、この組織の機能は、業務遂行機能により構成され、これを「ビジネスプロセス」という。ビジネスプロセスは、情報システムにより効率化と高度化がなされ、もうける仕組みのビジネスモデルの土台となる。

　情報システムとは、それ単独では情報の蓄積、加工、伝達、処理の自動化を行うための手段にすぎない。だが、この情報システムをビジネスプロセスに組み込むためには、戦略目的に適合し、情報を効率的に変換するシステムとしていくことが求められる。

　ビジネスプロセスには、その活動の単位となる「機能」と、機能の開始や終了などを規定する「ルール」がある。ビジネスの推進には、業務機能が情報をルールに合わせて変換していく。例えば、受注業務、発注業務、請求業務では、受注情報、発注情報、請求情報が作り出されているが、発注業務には、受注情報を発注伝票に情報変換を行うルールが含まれている。すなわちビジネスプロセスとは、「業務機能が情報を変換すること」と言え、経営のスピード向上と的確な経営判断のためには、情報を効率的に変換していく組織・業務・ルールへ見直すことが求められるのである。

③ 全体最適化の推進

　従来は、部門単位の効率化を実現する部分最適な情報システムが多かった。全社的な視点でビジネスを捉え、社内や社外との連携を強化した全体最適な情報システムに見直しを図ることで、無駄を排除し、全体の整合性を図り、経営判断のスピード向上が期待できる。

　顧客に対する商品・サービスなどの付加価値の提供は、企業内の仕入れ、生産、販売などの部門間連携や、企業間での製造業、卸売業、小売業などのサプライチェーンの連携で成り立っている。各機能が連携し、全体目的である戦略を達成していくためには、各機能間での業務遂行情報の共有が不可欠となる。この業務遂行情報を迅速に伝達し、適切に変換し、共有化

を行うことで、サプライチェーン全体での変革効果を最大限に発揮できる。

　全体最適の実現には、組織横断的な視点に加え、ネットワークを活用した部門間や企業間の連携強化を図り、組織目標の達成に向け緊密な関係を構築できる対応力が必要である。

④ **IT 投資効果の測定**

　情報システムが効果的に活用されているのか、継続すべき投資なのか否か、IT 資産が陳腐化し業務上の制約条件となっていないかなど、IT 投資に対する効果測定と評価を行っていく必要がある。情報システムを効率的に構築・運用するためには、マネジメント機能として「計画」「構築」「運用」「改善」の情報化活動を統治していく仕組みを整備する。

　マネジメント機能に問題がないかを客観的に把握し、目標達成や是正に向けた差異分析を行う手段として、評価指標の設定と数値化が必要となる。定期的に評価する仕組みとしては、PDCA サイクル、すなわち、Plan（計画）→ Do（実行）→ Check（評価）→ Action（見直し）を評価業務として計画化し、実施していく管理体制を整える。

⑤ **経営トップの積極的な参画**

　経営戦略を達成するために、ビジネスプロセスがあり、そのビジネスプロセスの効率化や全体最適を行うために、情報システムを戦略的に活用する。攻めのモダナイゼーションとは経営戦略そのものである。ToBe に向けたグランドデザインの策定には、経営トップが深く関与し経営判断事項として、攻めのモダナイゼーションへのコミットメントが求められる。

　企業の舵取りを行う経営トップが、攻めのモダナイゼーションに強く関与することで、戦略目標の達成やレガシーシステムの最適化が DX/SX/GX に及ぼす効果を、全社レベルで周知徹底する。経営改革に向けた方針を共有することで、従業員の「自分ごと」にして、動機付けを図ることができる。

❷ パーパスはトランスフォーメーションの推進エンジン

パーパス経営という Purpose（目的・意図）を念頭に置いて、企業の社会的な存在意義（何をなすために存在するのか）を明文化して、社会への貢献と

ビジネスからの利益創出を目指す経営手法が注目されている。

　パーパスは、経営者の想いであり、従業員がビジネスを行っていく際の拠り所となる。企業における従業員の1人1人の考え方や行動規範を変えていくパワーを持っている。仕事の内容に意味が生まれ、会社に対する従業員のエンゲージメントが向上する。組織内で価値観を共有するため、意思決定の迅速化にもつながる。

　SXの実現におけるパーパスの位置付けは、社会とビジネスの両立を行う流れに沿ったものとも言える。投資家や顧客、地域社会からは、社会的に意義のある経営に取り組んでいる企業という信頼が得られる。

　DXやSXなどのトランスフォーメーションは、会社のあり方について、デジタルを活用して根底から変えていくものであり、パーパスと切っても切れない関係性にある。攻めのモダナイゼーションを通じて、DXやSXに挑戦していく企業は、まず原点に立ち戻り、パーパスを明文化して、社内に浸透させてみてはどうだろうか。

　経営戦略や中期事業計画にもパーパスを組み込むことで、ビジネスや計画数値にパーパスの意図するところが反映されていく。環境・経済・ウェルビーイングすべてに配慮した、持続可能な社会を目指していきたい。おのずとモダナイゼーションを実践するための情報戦略にも反映される。

3 経営戦略でトランスフォーメーションを具現化する

　経営環境の変化が激しい中、経営戦略は企業の進むべき方向性を示す羅針盤である。攻めのモダナイゼーションによるトランスフォーメーションの実践は、競争優位を得るための施策であるが、有限な経営資源を使うことから経営戦略が関与する領域でもある。企業のトランスフォーメーションと経営戦略は一蓮托生の関係にあるのだ。

　トランスフォーメーションを具体化するために求められる経営戦略について、「経営戦略の概念」「経営戦略の効果」「経営戦略策定の考え方」の観点で紐解いていく。

■ 経営戦略の概念

　「戦略」や「戦術」という言葉は、もともと軍事用語として発展してきたものである。戦略は、「戦争において戦いを有利に展開させるための方策」であり、「限られた兵隊・馬・武器などの戦力を効果的に活用する戦力（資源）配分の方向性」と言える。これに対して戦術とは、「戦略に基づいた具体的な戦力（資源）展開の手段」である。

　経営戦略の要点は、「競争優位を確立するために、経営資源（ヒト・モノ・カネ・情報）を最適配分すること」であり、具体的には以下のような項目を設定する。

　　① 事業分野や成長分野の方向性として、経営目標（収益性）を導き出す
　　② 経営目標の達成に向け希少な経営資源を集中投下すべき CSF（Critical Success Factor：重要成功要因）を明らかにする
　　③ 実現するためのマイルストーンなど、管理視点と行動指針を与える

■ 経営戦略の効果

　経営戦略により、CSF を選択し経営資源の最適配分を行うことで、企業能力を集中させ、競合他社に対して優位性を構築することがわかった。

　経営戦略を策定した効果として、「経営目標の達成」「環境変化への対応」「事業機会の開拓」「組織全体で統一的な意思決定につなげられる」が挙げられる。

■ 経営戦略策定の考え方

　経営戦略の目的である「競合相手への競争優位性の確立」と「収益の向上」を実現するには、数あるコンシューマーや企業から自社を選択してもらう対顧客の視点と、競争力を持続していく社内の視点での考え方がある。

図表10-1 経営戦略を策定していくときの考え方の視点

	視点	戦略性を持った考え方
対顧客の視点	顧客価値の創造	顧客ニーズに合った商品・サービスを提供し、顧客満足度を高めるビジネス分野に注力
	ベストプラクティス	顧客が評価できる仕組みを確立し、顧客価値の最大化につながる最善のビジネスプロセスを構築
	コアコンピタンス	顧客価値を創造する、自社の独自のコアコンピタンス（企業の核となる能力）の構築・強化を図る
	選択と集中	経営資源（ヒト・モノ・カネ・情報）は、有限のため全方位的には対応できない。自社のコアコンピタンスを活かし顧客価値を最大化するビジネス分野を選択し、経営資源を集中投下する
社内の視点	最適資源配分	過剰な経営資源の投入を回避し、顧客価値の最大化と経営の効率化で最適なバランスを取る
	戦略とビジネスプロセスの整合性の確保	戦略はビジネスプロセスの中で実行されるため、戦略とビジネスの整合性が保たれているか、継続的にビジネスプロセスの監視・評価を行う
	知識共有と学習	経験・情報・知識を組織で共有化することで、組織能力を開発し、個人のアイデア創発や意思決定を強化するための学習環境を整備する
	継続的改善	環境変化を監視し、機動的にビジネスプロセスと経営戦略を改善し続ける
	収益性の確保・継続	企業の持続的な成長・発展につながる収益計画を立案し、計画を達成できるビジネスモデルを構築、遂行する

4 サステナビリティーの時代に重要性を増す情報戦略

　経営戦略の下で組織の機能ごとに機能別戦略が立案されるが、その中でも、情報戦略が重要な意思決定事項として認識されるようになった。ビジネスプロセスを効率化して組織活動の統合化を図り、経営判断のスピードを向上させるからだ。特に攻めのモダナイゼーションでは、従来の組織が構造や業務の仕組みを変更するため、経営レベルで戦略的な意思決定が必要となる。

　情報戦略は、製品・テクノロジーなどによる問題解決のソリューションだけではなく、組織戦略・財務戦略・商品戦略・生産戦略・営業戦略・サプラ

イチェーン戦略など、他の機能別戦略の「基盤戦略」として、最上位の経営戦略と一体的に策定していく。

　そのため、CEO（最高経営責任者）、CSO（最高戦略責任者）、CIO（最高情報責任者）など上級役員の管轄下で策定され、最終合意される。情報戦略を策定するうえで留意すべきポイントを以下に示す。

図表10-2 情報戦略の策定ポイント

No	策定ポイント	留意する内容
1	経営戦略との整合性	経営戦略に基づいて、情報システムをどのように活用して経営目標を達成するかを検討する
2	定量的な目標設定	進捗状況と達成度を評価できる指標化を行う
3	実現可能性	技術的な実現性だけでなく、投資可能予算、期間、人材など経営資源について考慮する
4	責任者体制	DX/SX推進責任体制と役割・権限を規定する
5	ステークホルダー	社内関係部門、取引先、顧客との連携を図る
6	柔軟性の確保	環境変化や技術進歩へ対応できる計画化を行う
7	ITガバナンス計画	情報システムを適切に管理・運用する仕組みを構築する

2 戦略をより具体的で実践的な行動計画に展開する

■1 バランススコアカードによる戦略行動への落とし込み

経営戦略や情報戦略は、すべての部署や従業員に対する具体的な業務での戦略行動に落とし込みを行い、企業が一丸となって推進していくべきである。この業務における戦略行動とは、経営施策とイコールである。経営戦略からこの戦略行動へと展開し、従業員にカスケードダウンする手段としてバランススコアカード（BSC：Balanced Score Card）を用いる。

BSCによる戦略行動へ落とし込む手順は次のとおりである。

初めに、自社のパーパスや経営目標を実現するための経営戦略を基に、事業遂行の要件となる戦略行動を抽出していく。この戦略行動の抽出に当たっては、「4つの視点」として、「財務の視点」「顧客の視点」「業務プロセスの視点」「学習と成長の視点」を切り口として活用する。

次に抽出された戦略行動の候補が、本当に経営戦略の実現につながり、活動成果として経営目標を達成できるかを検証する必要がある。その検証には、4つの視点で導き出された戦略行動との間での因果関係を見る「戦略マップ」を用いる。

最後に、戦略行動の実施状況を管理するための指標として、「成果指標」と「先行指標」を決定し、トラッキングしていく。

ここで、BSCの語源に触れておきたい。バランスとは、最終成果となる財務指標のみに偏らず、この財務要因の結果を生み出す非財務指標にも着目していくことを示している。財務の収益性に直接つながる顧客に関する外部要因、および業務プロセスや学習と成長といった内部要因、これらの活動を重視していく考え方である。スコアカードとは、トラッキングした結果を成績表とする捉え方ではなく、「価値創造を管理していく」ための業績管理手段という意味合いである。

❷ 管理指標化による戦略行動のトラッキング

どんなに素晴らしいパーパスや経営戦略を策定しても、これを遂行するのは1人1人の従業員である。経営戦略を従業員が意識できる日々の業務レベルの活動要件に落とし込まなければ、所詮パーパスや戦略は"絵に描いた餅"となり、実効性を伴わない。そこでBSCは、経営戦略から戦略行動を導き出すために4つの視点によるフレームワークを提供する。

また、BSCは、それぞれの事業遂行要件（＝戦略行動、経営施策）の因果関係により、経営戦略が成り立つことを論理的に明示する役割もある。戦略を具体性のある行動内容に置き換えながら、全従業員に対して周知徹底を図るとともに、組織横断的な戦略テーマが明らかとなり、部分最適を回避し、戦略志向の全体最適な組織づくりも達成できる。

加えてBSCは事業遂行要件の実行に関するフィードバック機能を提供する。それぞれの事業遂行要件に対して計数化を必須とし、行動数値を事前に定義する。事業遂行要件の管理指標化を行うことにより、戦略実行に関するマネジメントプロセス機能につながる。

すなわちBSCとは、全社で経営戦略を理解し、浸透させるためのコミュニケーション手段を提供するとともに、その戦略実行をモニタリングしていくためのツールと言える。

❸ 4つの視点による戦略行動の策定指針

BSCの4つの視点とは、「財務の視点」「顧客の視点」「業務プロセスの視点」「学習と成長の視点」であった。それでは、この4つの視点をさらにブレークダウンし、事業遂行要因となる戦略行動を発想していく思考プロセスについて取り上げる。この戦略行動を推し進める具体策として、情報システムが取り扱う機能スコープの拡大や、データ利活用、デジタルイノベーションの採用、さらなる自動化やスピードアップを織り込みたい。

図表10-3 BSCの4つの視点と求められる戦略行動の要件

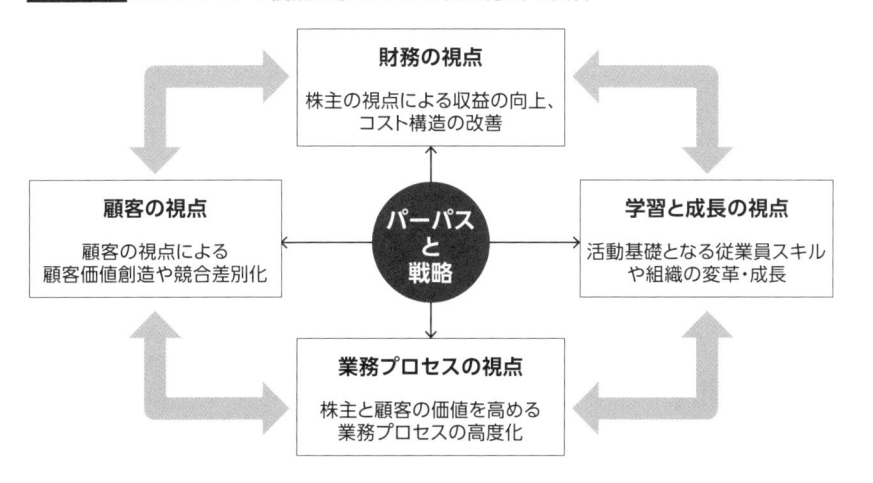

① 財務の視点

　経営戦略の究極的な目標として、「株主価値の増大」要因、すなわち収益性を最重要事項として設定する。その内容は株主から測定可能であり、企業の戦略目標とも連動した投下資本利益率や純利益額などとなる。さらにこのもうけ幅を左右する2つの要因に展開することができる。企業の収入となる売上額を増大させる「収益増大」の要因と、投入した資源当たりの成果や価値を増やす「生産性向上」の要因である。

　収益増大の要因は、既存顧客に対して、「顧客価値の向上」を図り、収益性を増大させる事項と、「新商品・新サービスの提供」により新規顧客から新たな収益源を開発する事項に分類される。前者の例では、徹底した低価格化や豊富な品ぞろえ、関連購買を促進するソリューション開発やコンサルティングなどが、後者の例では、画期的な新商品・新サービスの販売などが挙げられる。

　生産性向上の要因は、コスト削減に向け「コスト構造を改善」する事項と、追加投資を抑えて「既存資産を有効活用」する経営効率化の事項に分類される。前者の例では、直接費用や間接費用の削減などが、後者の例では、労働生産性や固定資産回転率の向上などである。

② **顧客の視点**

　自社の顧客を正しく捉えたうえで、顧客満足度を高める価値創造の要因や、競合市場環境で顧客に自社を選択していただける他社との差別的優位性構築の要因となる。

　顧客から識別できる要因であることが重要となり、これには差別化のマーケティング戦略における「業務の卓越性（Operational Excellence）」「緊密な顧客関係（Customer Engagement）」「製品の優位性（Product Advantages）」の3つの切り口が使える。この3つの切り口から、現在該当する、あるいは今後獲得していく差別化要因を選択できたら、具体的な戦略行動を発想していく。デジタル化に取り組むことで、3つの切り口をどのように革新させることができるかを検討すべきである。

　バリューチェーンにおける顧客価値向上の観点からの戦略行動の着眼点としては、提供する製品やサービスの属性として「品質」「価格」「時間」、製品の使い勝手である「機能」、顧客との持続的取引を構築するアフターサービスに当たる「サービス」、顧客との関係性強化のための「エンゲージメント」、顧客が抱く企業や商品のイメージとしての「ブランド」の7項目が挙げられる。

③ **業務プロセスの視点**

　業務プロセスは、収益確保に向け顧客の視点を支えるものであるため、着眼点は顧客から識別できるものにフォーカスする。すなわち、「製品力・サービス力による差別化」「顧客関係維持・発展能力による差別化」「業務オペレーションの効率化による差別化」から発想していく。業務プロセスには情報システムが深く関係するため、戦略行動の実現には、既存情報システムからの抜本的な改善や、テクノロジーの活用が不可欠となる。

　加えて、企業活動は収益獲得だけでなく社会環境との調和や倫理性も求められている。カーボンニュートラルや資源循環など環境問題にビジネスとして真摯に取り組んでいく必要がある。

　例えば、社会的な貢献活動や、コンプライアンス遵守活動、および環境保全活動など、コーポレートシチズン（良き企業市民）になるための活動で、

「社会要請・環境保全による差別化」として施策を発想することになる。持続可能な社会とビジネスの両立につながり、SX を実践する戦略行動の候補になる。

　なお、倫理性を問われるような企業活動には、監督省庁からの厳しい行政指導や社会的制裁が行われ、企業業績に影響を来す事例も出てきているので注意が必要だ。

④ 学習と成長の視点

　ほかの 3 つの視点の基礎をなす要因であり、高い水準の従業員の能力や活発な組織的活動を無形的な経営資産と捉えて、これを学習や成長により強化していく戦略行動となる。無形的な経営資産を明らかにする着眼点として、以下の「従業員の戦略的コンピテンシー（スキル）」「情報技術インフラ」「競争力を生む組織風土」を考えておきたい。

▶従業員の戦略的コンピテンシー：戦略を遂行していく能力的要因であり、従業員のスキルや知識共有を示す。従業員のデジタルリテラシーを高めていく施策やデータ利活用により、迅速な意思決定を図る取り組みも該当する

▶情報技術インフラ：戦略を支援していく技術的要因であり、主に情報システムのインフラやアプリケーションを示す。攻めのモダナイゼーションにより、レガシーシステムからの脱却や、革新的なビジネスモデルをアジャイル開発で整備していく取り組みが該当する

▶競争力を生む組織風土：戦略を推進する組織的要因であり、従業員の意識や動機付け、組織の方向付け、組織文化を形成する学習効果を示す。第 2 章で取り上げた持続性のある DX サイクルを構築していく社内 DX 活動なども、この分類の戦略行動に該当する

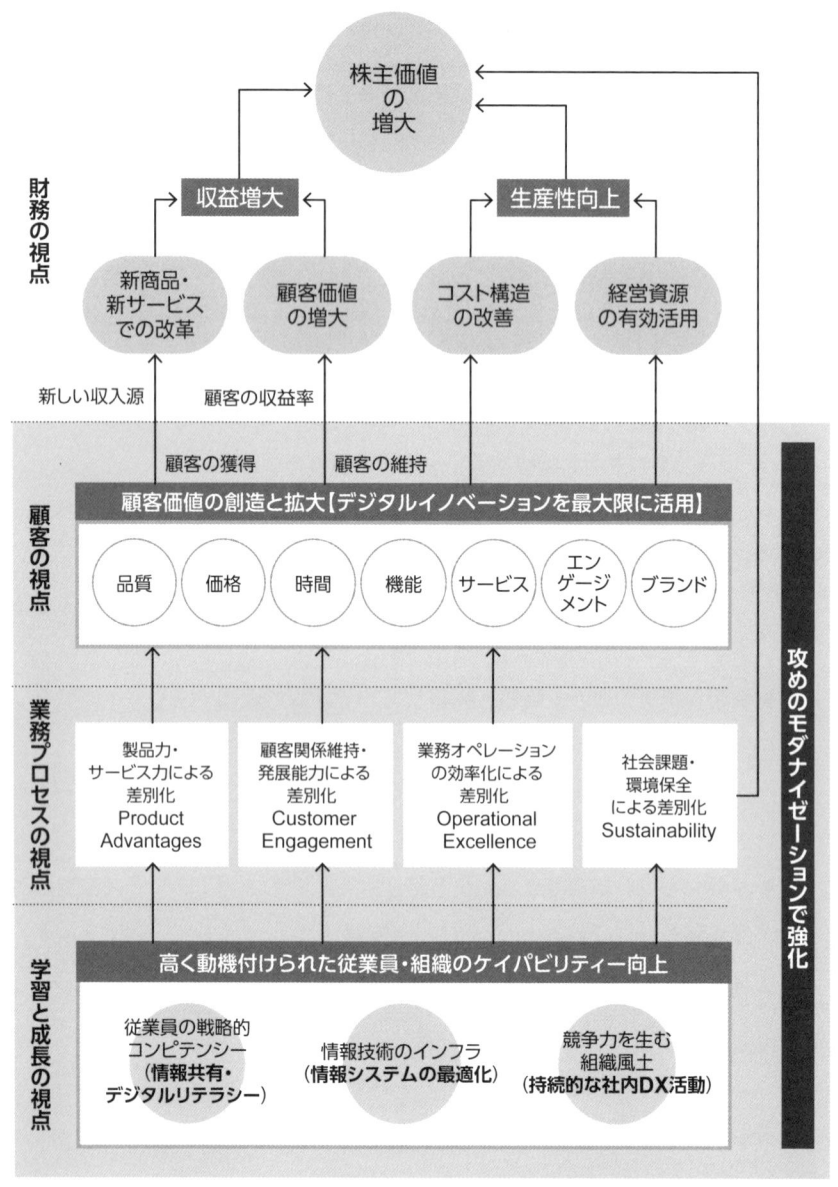

出所：『SEのための実践ノート』（同友館）を一部加筆修正

④ 戦略行動の進捗と達成状況をトラッキングする方法

BSCの4つの視点で策定した戦略行動が確実に遂行され、その先で戦略目標である最終結果につながっていくのか、トラッキングするマネジメント手法を解説していく。攻めのモダナイゼーションを実施したあと、業績として成果が出ているかの判定にも活用できるものである。BSCでは、KPIとKGIの2つの管理指標を設定することで、戦略行動として施策の実行状況と達成状況をトラッキングし、戦略実行のプロセスをフォローアップする。

KGIとはKey Goal Indicatorの略であり、重要目標達成指標である。KGIは、企業として達成すべき最終目標を示す指標である。

KPIとは本書で何度も出ている用語だが、Key Performance Indicatorの略であり、重要業績評価指標である。BSCにおけるKPIは企業の成果指標であるKGIの達成に向けて、戦略行動のプロセスが適切に実行されており、進捗しているかを測定する指標である。KPIはKGIを達成するために関連性の深い先行指標であり、測定・評価のため計数化が必要となる。KGI/KPIの具体例を次に示す。

図表10-5 BSCにおけるKGI/KPIの設定例

BSC4つの視点	KGI	KPI
財務の視点	年間売上高100億円	月間売上高9億円
顧客の視点	顧客満足度90点	リピート率 年60%
業務プロセスの視点	生産性向上10%	製造工程稼働率95%
学習と成長の視点	技術革新 特許3件／年	研究開発費10億円

3 ビジネスモデルの観点から イノベーションを創出する

■ ビジネスモデルキャンバスでもうける仕組みを可視化

　パーパスと戦略の策定により企業が進んでいく羅針盤が明らかとなり、これを実行する戦略行動が具体化されれば、いよいよ事業の変革に取り組んでいく。事業として、どのような顧客に対し、どのような価値を、どのようなプロセスで創造し、どのように収益を上げていくのか、を論理的に表したものをビジネスモデルという。

　このビジネスモデルに、自社ならではの独自性やケイパビリティーがあることで、競争優位性が高まる。またビジネスモデルが提供する価値として、これまで誰も発想できなかった利便性が高く、使っていてワクワクするような製品やサービスが、いつでも、どこでも提供されることで顧客や市場から絶大な支持を得ることもある。老若男女、誰もが持っているスマートフォンへのデジタル技術を活用したサービス提供などが、想像できるだろう。さらには、社会課題を解決していく取り組みをビジネスモデルに組み込むことで、サステナブルな社会貢献につながるビジネス活動に顧客が共感し、自社を優先して選ぶこともある。

　このビジネスモデルを分析・設計するためのフレームワークとして著名なビジネスモデルキャンバスを用いて、BSC の 4 つの視点であたりを付けた戦略行動やデジタルイノベーションが、顧客価値提供や収益の向上に貢献するかを具現化していきたい。

　ビジネスモデルキャンバスとは、ビジネスモデルを 9 つのブロックで視覚的に表現したもので、関係者間での認識を共有することに役立てられる。また、ビジネスモデルを構成する要素間での強みや弱みを見つけることにつながり、ビジネスモデルを変革するためのアイデアを創出できる。

　BSC で説いた顧客価値の創造と拡大につながる品質、価格、時間、機能、アフターサービス、エンゲージメント、ブランドでの優位性をどの要素で作

り出していくのか。そのときに AI を含めた高度なテクノロジーがどのように作用していくのか。どの要素にビジネス上のボトルネックがあり、それを自動化やスピードアップで改善を図ることで解消できるかを検討していく。

図表10-6 ビジネスモデルキャンバスの全体像

主要パートナー (Key Partners)	主要活動 (Key Activities)	価値提案 (Value Provided)	顧客との関係 (Customer Relationships)	顧客セグメント (Customers)
	主要リソース (Key Resources)		チャネル (Channels)	
コスト構造 (Costs)		収入の流れ (Revenue)		

出所:『ビジネスモデル・ジェネレーション ビジネスモデル設計書』(翔泳社)

　ビジネスモデルキャンバスは、右側に、最終的に価値提供を行う顧客を配置するイメージである。そのため、顧客セグメントと収入の流れのブロックが右の側面にあり、左に向かうにつれて、価値創出を行う要素のブロックが並ぶ構造になっている。それぞれのブロックには、箇条書きでのシンプルな表現で、価値を創出している内容を記載することにより、現行ビジネスモデルの分析や、ビジネスモデルの革新事項のアイデア出しを行う。次ページの図表 10-7 に 9 つのブロック構造について記載する。

　ビジネスモデルキャンバスで、AsIs のビジネスモデルの見える化と、ToBe の革新されたビジネスモデルを立案して、付加価値がこれまで以上に提供できるかどうかを比較・検証していきたい。

　経営層や関係者の間でディスカッションをするための共通言語やフレームワークとすることで、変革へのコミットメントと事業リスクに踏み込んだ深い検討につなげることも可能となる。

No	ブロック名	記載内容
1	顧客セグメント (Customers)	価値提供のターゲットとなる顧客グループ。個人、法人がある
2	価値提案 (Value Provided)	顧客に提供する価値。顧客の抱える課題を解決し、ニーズを満たすベネフィットの内容を記載
3	チャネル (Channels)	顧客に価値を届ける経路。告知方法、購入経路、購入後のアフターサービスを含む
4	顧客との関係 (Customer Relationships)	顧客との関係構築の方法。対面サービス、自動化サービス、セルフサービス、一度きりの取引、継続性のある取引などがある
5	収入の流れ (Revenue)	収益を得るための仕組み。与える価値の対価であり、売り切り、借り賃、利用料、登録料、仲介料、ライセンス料、サポート料など多様である
6	主要リソース (Key Resources)	ビジネスモデルを運営するための必要リソース。ヒト、モノ、知的財産、情報、金融取引など
7	主要活動 (Key Activities)	ビジネスモデルを運営するための必要な活動。企画、設計、製造、販売、運搬、サポートなど
8	主要パートナー (Key Partners)	ビジネスモデルを運営するために必要なパートナーシップ。外部委託や外部調達
9	コスト構造 (Costs)	ビジネスモデルを運営するための主要リソース調達、主要活動、主要パートナーのコスト

2 ビジネスモデル変革は顧客起点で思考する

　ビジネスモデルキャンバスで右側にある顧客を起点として、ビジネスモデルの変革内容を捉えていくことも有効である。つまり、顧客の置かれている状況や感情を深く洞察して、顧客の悩みや欲していることからビジネスの種を浮き彫りにしていくわけである。

　これに役立つ創造的な問題解決手法が、デザイン思考である。デザイナーが問題解決に用いる思考プロセスを、ビジネスのあらゆる分野に応用している。ビジネスモデルの検討においても、顧客の新しいニーズを考える際に、デザイン思考で用いる共感マップを活用していただきたい。企業がターゲットとする顧客の像を「架空の人物」であるペルソナとして具体的に設定し、

6つの問いかけを行っていく。

図表10-8 デザイン思考における共感マップ

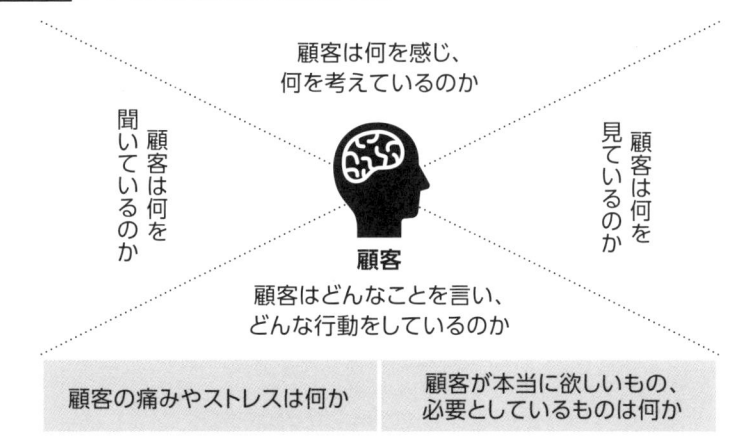

① 顧客は何を感じ、何を考えているのか

② 顧客は何を聞いているのか

③ 顧客は何を見ているのか

④ 顧客はどんなことを言い、どんな行動をしているのか

⑤ 顧客の痛みやストレスは何か

⑥ 顧客が本当に欲しいもの、必要としているものは何か

　ペルソナの設定を、従来とは異なる顧客層にしてアプローチを考えることで、顧客体験を向上させる新たな顧客価値を発見することができる。また顧客が気付いていない本質的なニーズにもたどり着ける。

　共感マップでビジネスモデルの有力な変革の種が発見できたならば、デザイン思考の5つのプロセスを通じて、その実現の度合いをスピーディーに確認していくことが可能となる。顧客の共感や満足に重きを置き、多くのアイデアの創出による試行錯誤とブラッシュアップを行う。前例にない課題解決に取り組む場合は、固定観念を取り払い、先入観や思い込みといったバイアスにも最大限注意して最適解につなげていく。

図表10-9 デザイン思考の5つのプロセス

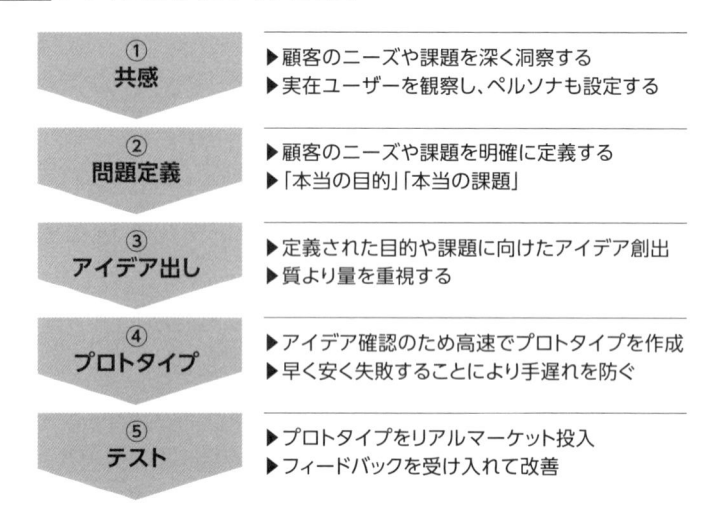

① **共感**	▶顧客のニーズや課題を深く洞察する ▶実在ユーザーを観察し、ペルソナも設定する
② **問題定義**	▶顧客のニーズや課題を明確に定義する ▶「本当の目的」「本当の課題」
③ **アイデア出し**	▶定義された目的や課題に向けたアイデア創出 ▶質より量を重視する
④ **プロトタイプ**	▶アイデア確認のため高速でプロトタイプを作成 ▶早く安く失敗することにより手遅れを防ぐ
⑤ **テスト**	▶プロトタイプをリアルマーケット投入 ▶フィードバックを受け入れて改善

3 UX/UIで顧客体験を向上させる

　ビジネスとして、提供する製品・サービスのユーザビリティーを向上させることで顧客体験を高め、ひいては、顧客満足度の向上と競合との差別化につなげ、ビジネスモデルの変革へ大きな貢献ができると考えている。

　UX（ユーザーエクスペリエンス）は、使いやすさ、わかりやすさ、楽しさ、満足度などの顧客が感じる体験であり、UI（ユーザーインターフェイス）は、画面レイアウト、見栄え、操作性などの顧客との接点となる。良い UX の実現には良い UI が必要となる密な関係性にある。

　例えば、SNS やサブスクリプションの動画・音楽配信などのサービスを思い浮かべてみよう。人気のあるサービスの UI は直感的でわかりやすく、UX はコンテンツの充実や他の利用者とのつながりを感じられて、没頭できてワクワクする体験を提供している。

　以下の 5 つの観点で、UX/UI がビジネスモデルの変革に貢献する。

① 新たな顧客層の獲得

　　UX/UI の刷新により、新たなニーズや属性（年齢層、ライフスタイルなど）の顧客に、新たなアプローチでトライできる

② **顧客ロイヤリティーの向上**

　　UX/UI で良い体験をした顧客は、顧客満足度が向上し、継続的に製品・サービスを利用する

③ **収益性の増加**

　　UX/UI の優れたストアやサービスはリピート率が向上し、サブスクリプションの利用しやすさにより解約率も低減する

④ **差別的優位性の確保**

　　魅力的なデザインや顧客体験を提供することで、競合への優位性を確保できる

⑤ **イノベーションの促進**

　　プロトタイプやアジャイル開発の早期ユーザーテストでアイデア創出の機会が増え、フィードバックも得やすい

デザイン性を重視し、顧客を中心としたビジネスモデルの変革により、パーパスや戦略の実行につなげていただきたい。この変革において、デジタルイノベーションを最大限に活用すること、すなわち情報システムの変化対応力を高めて、DX/SX につなげる攻めのモダナイゼーションが、重要であることを理解いただきたい。

Column

羅針盤となる Uvance Wayfinders によるコンサルティング

　富士通では、顧客企業の事業課題に、ビジネスとテクノロジーの両輪で、解決策とオファリングを提案し、実行まで伴走して支援するコンサルティングサービスを従前より提供している。2024年2月22日にこのコンサルティングサービス事業をリニューアルし、「Uvance Wayfinders」（ユーバンス　ウェイファインダーズ）とブランド名を刷新した。

　Wayfinders という顧客企業を持続可能な社会とビジネスの両立が実現できるよう、その道筋を見つけるために富士通が共に伴走しながら羅針盤を提供する存在となるという考え方である。富士通が、これまで長年培ってきた様々な業種の知見と、テクノロジーを融合することで、顧客企業と共に社会全体のエコシステムを創出し、より良い未来を創出する。

　Uvance Wayfinders の羅針盤としては、具体的に次のとおりとしている。

① アウトカムにフォーカスし、社会課題や複雑化するお客様の事業課題に立ち向かう

② AI 技術や量子コンピューティングなど、テクノロジーの進化が社会の持続可能な発展に寄与する道筋をガイドする

③ お客様の課題に共に向き合い、あらゆるビジネスシーンで持続的に価値提供する

　これを実現する 13 のコンサルティング事業の領域を定め、業種を超えたクロスインダストリーでの社会解決を目指し、コンサルタントの増強を図る。

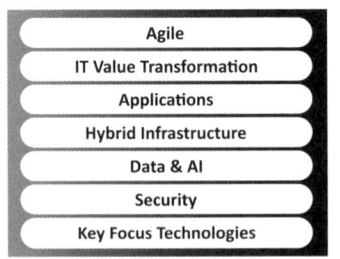

ビジネスコンサルティング

- SV: Sustainability & Verticals
- CX: Consumer Experience
- MX: Management Excellence
- EX: Employee Experience
- OX: Operational Excellence
- TX: Technology Excellence

テクノロジーコンサルティング

- Agile
- IT Value Transformation
- Applications
- Hybrid Infrastructure
- Data & AI
- Security
- Key Focus Technologies

おわりに

　富士通は 2022 年 9 月にモダナイゼーションナレッジセンターを設立しました。同年 2 月に富士通製メインフレームと UNIX の販売終了と保守終了へのロードマップを発表して半年後、お客様をはじめとする市場からの様々なお問い合わせや叱咤激励を頂戴していた時期でした。

　それから、およそ 2 年間のセンター活動で、モダナイゼーションに関するプロセスやメソトロジーを社内外の関係者と整備してまいりましたし、数多くの商談推進や事例企業を整理し、先端テクノロジーやサービス商材が出そろってきたことを契機に、その集大成として 2024 年に「攻めのモダナイゼーション」という文脈にて出版させていただくことになりました。

　モダナイゼーションナレッジセンターの設立時から携わっているセンター員の話によると、当人が富士通に入社した昭和後期の時期が、まさにメインフレームでのシステム開発の全盛期だったそうです。当時はインターネットも携帯電話もなく、IT に関する情報が出回らない時代であり、設計書はワードプロセッサーや時には手書きで作成していました。ビジネス上の目的を達成するために、お客様とメーカーの垣根を越えて深夜まで侃々諤々の議論を行い、一致団結して創意工夫と知恵を振り絞り、一行一行プログラムコードを書いて、汎用機と呼ばれたメインフレームを動かす醍醐味を味わったそうです。

　富士通製メインフレームが最も稼働していた時期は 1990 年代であり、当時は数千台が稼働していました。それから約 30 年が経過し、UNIX やPC サーバーなどのオープンシステムの登場によるダウンサイジング気運もあり、執筆時点での富士通製メインフレームの稼働台数は残り約 650 台まで減っています。この約 30 年の期間においても、レガシーシステムをオープンシステムに移行する、いわゆる " マイグレーション " が数多く実施されてきました。

　近年では、テクノロジーが飛躍的に進化し、コンピューターを単なる自動

化や効率化の道具ではなく、データを利活用して、より効果的にビジネスに直結した成果につながるようビジネスモデルも一体的に変革させる DX が推し進められるようになりました。

　日本市場は積極的にコンピューターシステムをビジネスに導入してきましたが、デジタル化への取り組みは非常に後れを取っていると言われています。スイスのビジネススクールである国際経営開発研究所（IMD）が発表している「2023 年世界デジタル競争力ランキング」では、日本のランクは調査以来、過去最低となる 32 位となっています。ちなみに、10 位以内には東アジアの 3 つの国と地域（香港、台湾、韓国）がランクインしているそうです。これは一体どういうことなのでしょうか。調査結果の因子レベルを紐解いてみると、この 5 年間で日本は「知識」「技術」「将来の準備」が著しく下落しているそうです。

　経済産業省が DX レポート「2025 年の崖」で警鐘を鳴らしているとおり、既存の基幹システムやソフトウェアが時代遅れの「レガシーシステム」となっていることが DX を妨げるボトルネックになっています。

　このレガシーシステムを撤廃していくことは必要不可欠な対策ですが、新しいシステムはいずれ時代の趨勢や技術の進化に伴い数年経てばレガシーシステムとなります。そこで単にレガシーシステムを移行するための "マイグレーション" ではなく、DX・SX・GS を実現するための "攻めのモダナイゼーション" とあえて銘打ちました。

　そのための原理・原則となる考え方や思考プロセスを知識として体系化し、ビジネス変革に技術（テクノロジー）を活かす取り組みに果敢に挑戦する。つまり "今できること" として現状のレガシーシステムを撤廃することも第一歩として重要ですが、そこで満足することなく "不確実性がある中でも未来を見据えてポジティブに継続的" にデジタル化とビジネスの変革に取り組み続けることが重要であると捉えました。

　本書をお読みいただき読者の前進に貢献できれば幸いです。

　最後に、本書の執筆に当たり、ご尽力いただきました富士通の関連部門各位、パートナー企業のご理解、また、出版に当たりお骨折りをいただきまし

たダイヤモンド社の和田史子氏、前田早章氏、佐藤寛久氏に厚くお礼を申し上げます。

　2024 年 10 月吉日

富士通株式会社

参考文献一覧

- 『マネジメント [エッセンシャル版] 基本と原則』 ピーター・F・ドラッカー著／ダイヤモンド社刊
- 『MBA 経営戦略』 グロービス著／ダイヤモンド社刊
- 『ストーリーとしての競争戦略』 楠木建著／東洋経済新報社刊
- 『SE のための実践ノート』 井上正和著／同友館刊
- 『バランス・スコアカード構築』 吉川武男著／生産性出版刊
- 『ビジネスモデル・ジェネレーション ビジネスモデル設計書』 アレックス・オスターワルダー著、イヴ・ピニュール著、小山龍介翻訳／翔泳社刊
- 「Fujitsu Technology and Service Vision 2024」 https://activate.fujitsu/ja/about/vision/technology-vision　富士通
- 「富士通 SX 調査レポート 2024 グローバル CxO 意識調査 日本分析版」 https://activate.fujitsu/ja/insight/sx-survey-2024　富士通
- 「産業界のデジタルトランスフォーメーション（DX）」 https://www.meti.go.jp/policy/it_policy/dx/dx.html　経済産業省
- 「DX レポート 〜 IT システム『2025 年の崖』克服と DX の本格的な展開〜」 https://www.meti.go.jp/shingikai/mono_info_service/digital_transformation/20180907_report.html　経済産業省
- 「デジタルガバナンス・コード」 https://www.meti.go.jp/policy/it_policy/investment/dgc/dgc.html　経済産業省
- 「デジタルガバナンス・コード 2.0」 https://www.meti.go.jp/policy/it_policy/investment/dgc/dgc2.pdf　経済産業省
- 「デジタルガバナンス・コード実践の手引き 2.1」 https://www.meti.go.jp/policy/it_policy/investment/dx-chushoguidebook/dxtebikihontai2.1.pdf　経済産業省
- 「デジタルトランスフォーメーション（DX）実現に向けて」 https://www.ipa.go.jp/digital/dx　IPA
- 「DX 白書 2023」 https://www.ipa.go.jp/publish/wp-dx/dx-2023.html　IPA
- 「DX 動向 2024」 https://www.ipa.go.jp/digital/chousa/dx-trend/dx-trend-2024.html　IPA

- 「デジタル変革に向けた IT モダナイゼーション企画のポイント集」 https://www.ipa.go.jp/archive/publish/qv6pgp000000117x-att/000063997.pdf　IPA
- 「DX 実践手引書 IT システム構築編」 https://www.ipa.go.jp/digital/dx/dx-tebikisyo.html　IPA
- 「システム構築の上流工程強化（非機能要件グレード）」 https://www.ipa.go.jp/archive/digital/iot-en-ci/jyouryuu/hikinou/ent03-b.html　IPA
- 「The TOGAF Standard,Version 9.2」 https://pubs.opengroup.org/architecture/togaf92-doc/arch　The Open Group
- 「2023 年世界デジタル競争力ランキング」 https://www.imd.org/news/world_digital_competitiveness_ranking_202311　IMD
- 「アジャイル宣言の背後にある原則」 https://agilemanifesto.org/iso/ja/principles.html
- 「スクラムガイド」2020 年 11 月版　https://scrumguides.org/docs/scrumguide/v2020/2020-Scrum-Guide-Japanese.pdf　ケン・シュウェイバー著、ジェフ・サザーランド著
- 「エッセンシャル SAFe」 https://scaledagile.com/jp　Scaled Agile Inc.
- 「Celonis Japan」 https://www.celonis.com/jp　Celonis
- 「AWS Mainframe Modernization」 https://aws.amazon.com/jp/mainframe-modernization　Amazon Web Services, Inc.
- 「富士通と AWS によるメインフレームのモダナイゼーションへの取り組み」 https://aws.amazon.com/jp/blogs/psa/fujitsu-aws-mainframe-modernization　富士通、Amazon Web Services, Inc.
- 「OpenFrame7」 https://tmaxsoft.co.jp/products/posts/openframe7　日本ティーマックスソフト
- 「富士通」 https://global.fujitsu/ja-jp　富士通

［編著者］

富士通株式会社

富士通はモダナイゼーションに関わる社内外の技術情報やノウハウ、知見を集約するCoE（Center of Excellence）として2022年にモダナイゼーションナレッジセンターを設立。業種ごとに社内の各部門で保有している移行実績やベストプラクティス、あるいは有用なツールやサービス、専門パートナーに関する情報などを集約した。(1)社内外の知見の収集・整理、(2)情報共有の推進、(3)各種ツールやサービスを提供する専門パートナーとの連携、(4)商談・技術支援、(5)デリバリー実践に基づく知見へのフィードバック、(6)お客様システムのモダナイゼーション実施状況把握の機能を有している。モダナイゼーションに精通したスペシャリストがビジネスプロデューサーやSEをサポートし、密接に連携しながらお客様のモダナイゼーションを支援している。

［モダナイゼーションに関するお問い合わせ・ご相談］
https://www.fujitsu.com/jp/services/modernization/

DX・SX・GXを実現する
攻めのモダナイゼーション

2024年10月1日　第1刷発行

編著者――――――富士通株式会社
発行所――――――ダイヤモンド社
　　　　　　　〒150-8409　東京都渋谷区神宮前6-12-17
　　　　　　　https://www.diamond.co.jp/
　　　　　　　電話／03・5778・7235（編集）　03・5778・7240（販売）
装丁・本文デザイン／DTP―志岐デザイン事務所
校正――――――――茂原幸弘
製作進行――――――ダイヤモンド・グラフィック社
編集協力――――――飯島範久
印刷／製本――――――ベクトル印刷
編集担当――――――佐藤寛久